Babys erstes Lebensjahr

Jeanette Stark-Städele

Babys erstes Lebensjahr

Mit Spielen fit fürs Leben

In Zusammenarbeit mit dem
Deutschen Kinderschutzbund (DKSB)

urania

Jeanette Stark-Städele unterrichtet Sprachbildung an einer Fachschule für Erzieherinnen und ist langjährige Redakteurin, Übersetzerin und Autorin von zahlreichen Sachbüchern. Ihre Themenschwerpunkte sind Familienratgeber, Pädagogik, Psychologie und Gesundheit. Sie lebt mit ihrer Familie in Oberschwaben.

Neuausgabe 2015
Bisheriger Titel: Unser Baby im ersten Jahr © Urania Verlag Berlin, 2001

www.urania-verlag.de; www.herder.de

Umschlaggestaltung: Verlag Herder
Umschlagmotiv: © Mauritius Images
Fotos im Innenteil: Heidi Velten, Leutkirch
(www.kunterbunt.net; www.heidivelten.de)
Redaktion der Neuauflage: Dr. Ulrike Voigt, Stuttgart
Satz: Kendlinger Mediendesign, Freiburg
Herstellung: Graspo, Zlín
Printed in the Czech Republik
ISBN 978-3-451-66051-1

Inhalt

Praxisteil

Vorwort

Es ist wunderbar – Sie haben ein Baby bekommen und sind fasziniert von diesem einzigartigen kleinen Wesen. Es ist erstaunlich, was dieses Baby schon alles kann, und wie es ihm gelingt, die Menschen in seinen Bann zu ziehen.

Natürlich haben Sie sich als Eltern auf Ihre neue Aufgabe vorbereitet und sich über Babypflege und den Umgang mit dem Kind umfassend informiert. Sie wissen auch, dass es für das Wohlergehen des Babys wichtig ist, nicht nur gut versorgt, sondern auch geliebt zu werden und Geborgenheit zu erfahren. Und auch genügend Anregung sollte ein Baby bekommen, damit es sich gut entwickeln kann. Doch was bedeutet das? Hier sind viele Eltern verunsichert und verspüren eine große Verantwortung: Soll man von den ersten Lebenstagen an ein „Babyförderprogramm" starten? Nein – ganz gewiss nicht.

Einen optimalen Start ins Leben erhält Ihr Baby, wenn Sie es so annehmen, wie es ist, und auf seinen „inneren Drang", sich zu entwickeln, vertrauen. Lassen Sie sich im Umgang mit Ihrem Kind von Ihrer Intuition, Ihren Instinkten und Ihrer Liebe leiten. Dann besitzen Sie die Sensibilität, ihm zum jeweils richtigen Zeitpunkt die Anregungen zu geben, die es gerade braucht.

Natürlich ist es wichtig zu wissen, wie sich ein Baby körperlich, seelisch, geistig und sozial entwickelt, und in welchem Zeitraum bestimmte Entwicklungsschritte erfolgen sollten. Es ist auch spannend zu erfahren, wie sich das Gehirn entwickelt, wie Sinneswahrnehmung und Denken zusammenhängen, welche Prozesse sich bei der Persönlichkeitsentwicklung vollziehen usw.

Diese Zusammenhänge werden in diesem Ratgeber aufgezeigt. Vor diesem Hintergrund erfahren Sie dann, wie Sie eine dem Baby förderliche Umgebung schaffen können und Babys Entwicklung im alltäglichen Miteinander durch Berührungen, Sinneserfahrungen, Gespräche usw. unterstützen können. Darüber hinaus erhalten Sie vielfältige Spielvorschläge für die einzelnen Altersstufen, die Ihnen und Ihrem Kind viel Spaß machen.

So hat dieses Buch zwei Anliegen: Es will Sie als Eltern in Ihrer Liebe zu Ihrem Kind stärken und Sie ermutigen, auf Ihre Intuition und Ihre Gefühle im Umgang mit dem Kind zu vertrauen. Und es möchte Sie auch von dem „Druck“ entlasten, Ihrem Baby nur durch eine gezielte „Förderung“ einen optimalen Start ins Leben zu ermöglichen. Lassen Sie sich ein auf Ihr Baby, beobachten Sie es und unterstützen Sie es – dann wird es sich gut entwickeln, eine bewusste „Förderung“ ist dann gar nicht notwendig.

Freuen Sie sich als Eltern an den täglichen Fortschritten und Entdeckungen Ihres Kindes, ermöglichen Sie ihm Erfahrungen mit allen Sinnen, lassen Sie es an Ihrer Lebensfreude teilhaben, und genießen Sie gemeinsam Spaß und Spiel. Erkennen und schätzen Sie die Individualität Ihres Kindes, und unterstützen Sie es in seinen natürlichen Anlagen. Helfen Sie ihm, seine ureigene Persönlichkeit zur Entfaltung zu bringen. Dann werden Sie reich belohnt – mit einem glücklichen Kind!

Heinz Hilgers, Präsident des Deutschen Kinderschutzbundes (DKSB)

Ein Baby wird geboren

**Lang ersehnt – nun ist es endlich da! Der kleine Mensch, dessen Entwicklung die Eltern bereits während der vergangenen neun Monate intensiv verfolgt haben und auf dessen Leben sie sich voller Freude vorbereitet haben, ist geboren.
Die verschiedensten Gefühle durchströmen die frisch gebackenen Eltern: Glück, Dankbarkeit, aber auch Erschöpfung – und das Bewusstsein neuer, bisher nicht gekannter Verantwortung.**

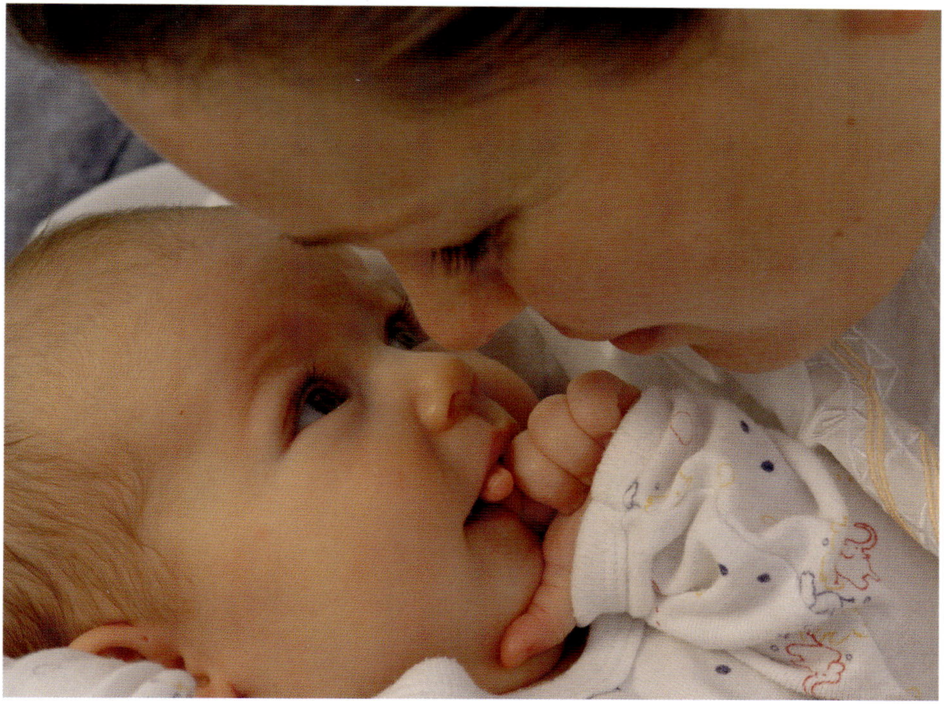

Erstes Kennenlernen

Die Geburt eines Kindes verändert das Leben der Eltern unwiderruflich.

Der große Augenblick der Geburt ist vollbracht: Hellwach, mit weit geöffneten Augen schaut das Neugeborene in die Welt. Sein Mienenspiel fasziniert die Mutter. Sein angeborener Suchreflex lässt es nach der mütterlichen Brust suchen. Es ist eindeutig: Das Baby nimmt Kontakt auf. Das gelingt ihm mit großem Erfolg. Insbesondere die Mutter erfasst dank ihrer erhöhten Sensibilität ganz instinktiv das besondere Wesen ihres Kindes – trotz der Erschöpfung nach einer anstrengenden Geburt. Sie reagiert auf ihr Kind, geht auf es ein, Vertrautheit entsteht. Sie nimmt ihr Kind an. Und damit beginnt bereits in diesen ersten Minuten ein wunderbarer Prozess: Die Beziehung zwischen Mutter und Kind, die ein Leben lang bestehen wird, nimmt ihren Anfang.

Bonding – der Bindungsprozess zwischen Eltern und Kind

Die Stunden nach der Geburt haben beim Menschen eine besondere Bedeutung. In dieser Zeit der erhöhten Sensibilität entwickelt sich eine besondere Bindung zwischen Mutter und Kind, die ihre gesamte weitere Beziehung positiv prägt. Diese Erkenntnis stammt aus den 1970-er Jahren, aus einer Zeit also, in der Neugeborene in der Regel gleich nach der Geburt von ihren Müttern getrennt wurden. Seitdem hat sich auf Entbindungsstationen vieles verändert, und so können Mutter, Vater und Kind heute diese wichtigen Stunden in aller Ruhe gemeinsam erleben – als Beginn einer lebenslangen Beziehung. Der heute häufig verwendete Begriff „Bonding" bezeichnet diese innige Beziehung, die sich zwischen den Eltern und ihrem Baby im Laufe der Zeit entwickelt.

Eine Familie entsteht

Die meisten Väter sind heutzutage bei der Geburt dabei. Für viele ist die Geburt ihres Kindes eines der intensivsten Erlebnisse ihres Lebens. Auch sie bauen dadurch schon von Anfang an eine ganz besondere Beziehung zu ihrem Kind auf. Für die Entwicklung und das Wohlergehen des Kindes ist diese frühe Einbeziehung des Vaters nur von Vorteil. Studien haben gezeigt, dass sich Kontaktfreude, Selbstbewusstsein und Liebesfähigkeit beim Kind umso besser ausbilden, je inniger der Kontakt zwischen Vater und Baby ist. Wenn ein Baby von Anfang an zwei wichtige Bezugspersonen hat, fördert das die frühkindliche Entwicklung mehr, als wenn es ausschließlich auf die Mutter fixiert ist. Und es ist schön, dass heute viele Väter von den ersten Tagen an auch Verantwortung im Alltag des Babys übernehmen. Auch wenn der Mutter in den ersten Monaten durch das Stillen eine besondere Stellung zukommt, so kann der Vater doch viele Aufgaben der Babypflege übernehmen, sich in vielen Bereichen um sein Kind „kümmern" und damit eine aktive Rolle spielen. Auf diese Weise wird er für sein Kind von Anfang an eine wichtige Bezugsperson. Das Neugeborene wird so von beiden Eltern in gemeinsamer Fürsorge aufgenommen.

Auch die Beziehung der Eltern verändert sich durch das Kind. Aus dem Liebespaar wird ein Elternpaar. Ein Dritter ist im Bunde – und drängt sich oft gewaltig dazwischen. Dieser Veränderung müssen sich die Eltern stellen und sie im Laufe der kommenden Jahre immer wieder gemeinsam diskutieren – eine nicht immer einfache Aufgabe. Doch eine Familie wird nicht einfach „geboren", auch sie muss wachsen und sich entwickeln.

Für die optimale Entwicklung des Kindes ist eine harmonische Eltern-Kind-Beziehung die beste Voraussetzung

Wenn es anders kommt

Nicht jede Geburt verläuft problemlos. So kann die Mutter nach einer langen, anstrengenden Geburt völlig erschöpft und auch das Kind wenig aufnahmebereit sein. Manchmal sind auch Medikamente erforderlich, die ebenfalls die ersten Stunden nach der Geburt beeinträchtigen. Es kommt auch vor, dass ein Neugeborenes sofort auf der Intensivstation behandelt werden muss. Oder es kommt mit einer Behinderung auf die Welt. All diese Situationen sind für die Eltern sehr belastend. Auf keinen Fall dürfen sie sich die Schuld an diesen Vorkommnissen geben. Und sie haben auch keine einmalige Chance verpasst, nur weil der Start ins Leben nicht optimal verlief. Auch wenn ein früher Erstkontakt nicht möglich ist, so muss dies keineswegs negative Folgen haben. Die Beziehung zum Kind wird die Eltern ihr ganzes Leben lang begleiten, und eine tiefe Bindung lässt sich auch herstellen, wenn die erste Begegnung erst später stattfindet.

In Deutschland kommt heute beinahe jedes dritte Kind per Kaiserschnitt zur Welt. Nicht wenige Mütter fragen sich, welchen Einfluss ein Kaiserschnitt auf die frühe Mutter-Kind-Bindung hat. Tatsächlich belegen Studien, dass Mütter, die auf natürlichem Wege entbinden, zunächst eine stärkere Bindung zu ihrem Kind empfinden, vermutlich weil eine vaginale Entbindung bestimmte Botenstoffe wie beispielsweise Oxytocin im Gehirn freisetzt, die die emotionale Bindung fördern.
Aber keine Sorge: Das Bindungshormon Oxytocin wird auch durch Hautkontakt freigesetzt. Wird also das Baby der Mutter direkt nach der Kaiserschnittgeburt auf die Brust gelegt, wird die Oxytocinausschüttung ebenfalls angeregt. Dies löst zudem den Milchspendereflex der Mutter aus. Das Stillen stärkt die Bindung zwischen Mutter und Kind zusätzlich. Und außerdem: Bindung entsteht im Laufe der Zeit vor allem auch durch das Zusammensein, durch gemeinsame Erlebnisse, körperliche Nähe, Blickkontakt, Kommunikation und auch über den Geruchssinn. Und natürlich beginnt der Bindungsprozess schon während der Schwangerschaft, wenn Mutter und Vater voller Vorfreude ihr Kind spüren und mit ihm kommunizieren.
Der schwedische Forscher Carl Philip Hwang hat zwar 1987 in einer bekannten Studie bedeutende Entwicklungsunterschiede zwischen Kaiserschnitt- und „normalen“ Babys festgestellt; diese waren jedoch nach acht Monaten vollständig verschwunden.

Wie das Neugeborene die Welt erlebt

Neun Monate lang war das Leben gleichsam paradiesisch: geborgen, warm, schwerelos schwebend im Fruchtwasser, versorgt durch den Nahrungsfluss über die Nabelschnur. Und nun dieser Schock: Grelles Licht blendet die Augen, Stimmen dringen ungedämpft ans Ohr, ungewohnte Hände fassen zu. Auch wenn dieser Übergang ins Leben, selbst wenn er schwierig war, keineswegs zu einem schweren Geburtstrauma führen muss – wie manche Psychologen vermuten –, so steht doch außer Frage, dass das kleine Wesen eine enorme Umstellung verkraften muss. Und daher ist es nur richtig, wenn man heute versucht, den Geburtsprozess möglichst „sanft“ zu gestalten und das Neugeborene liebevoll zu empfangen und zu versorgen.

Neue Aufgaben

Der erste Kontakt mit „draußen“ verlangt dem Neugeborenen einiges ab: Während es im Mutterleib über die Nabelschnur mit Sauerstoff versorgt wurde, muss es nun selbstständig atmen. Auch an die Schwerkraft muss es sich anpassen und sich entsprechend bewegen – eine große Umstellung nach der Schwerelosigkeit im Fruchtwasser. Und kalt ist es plötzlich! Doch dank eines inneren „Thermostats“ kann das Baby seine Körpertemperatur nun selbst halten. Natürlich muss es jetzt auch seine Nahrungsaufnahme selbst sicherstellen. Es muss saugen und schlucken. Dies ermöglichen ihm angeborene Reflexe (siehe Seite 15).

Die Umstellung auf die Welt „draußen“ bedeutet für das Baby einen gewaltigen Schock.

Im Wirrwarr der Sinneseindrücke

Heute weiß man, dass Babys schon von Anfang an viel mehr können, als man denkt. Ein Baby ist keineswegs ein „unbeschriebenes Blatt“, wie man bis in die 1950-er Jahre hinein dachte. Die Hirnforschung der vergangenen Jahrzehnte erbrachte vielmehr immer erstaunlichere Ergebnisse: Von Anfang an bedienen sich Babys komplexer Forschungs- und Erprobungsstrategien und erobern sich aus eigenem Antrieb, „selbsttätig“, ihre Welt. Bereits bei der Geburt besitzen sie ein hoch entwickeltes sensorisches und motorisches Reaktionssystem. Mit anderen Worten: Ihre Sinne sind hellwach, und sie verfügen bereits über ein beachtliches Bewegungsrepertoire.

Aus diesen vielfältigen Sinneseindrücken, die auf sie zunächst als unverständliches Chaos einströmen, schaffen sie durch enorme kognitive Leistungen Bedeutungen und Strukturen und setzen die Dinge zueinander in Beziehung.

Dabei erkunden sie von Anfang an ihre Umwelt mit mehreren Sinnen gleichzeitig. Zwar sieht das gerade auf die Welt gekommene Kind seine Mutter nur verschwommen (der visuelle Sinn ist bei der Geburt noch nicht ausgereift), aber es weiß schon, wie ihre Stimme klingt, wie sie riecht und sogar, wie sie sich bewegt. Aus der Kombination all dieser Sinneseindrücke „erkennt“ es eindeutig die eigene Mutter. Dieses Wissen hat es teilweise bereits im Mutterleib erworben, denn schon ab dem sechsten Schwangerschaftsmonat arbeiten alle Sinne.

Besonders interessant: das menschliche Gesicht

Besonders gefesselt ist das Neugeborene vom Anblick eines Gesichts wie auch von der menschlichen Stimme. Dieses Interesse ist angeboren. Am besten kann das Neugeborene auf eine Entfernung von 25–30 cm sehen – ein Abstand, den Eltern instinktiv beim Umgang mit ihrem Kind einnehmen.

Liebevoll aufgenommen

Das Neugeborene empfindet und nimmt seine Umwelt wahr. Erste Eindrücke prägen sein Leben. Schön, wenn es nun gleich zu Anfang die Erfahrung macht, aufgefangen und liebevoll angenommen zu werden. Von besonderer Bedeutung dafür ist die Nähe zur Mutter, der intensive Haut- und Körperkontakt.
Sicher gelingt es Ihnen bald, die Signale des Neugeborenen richtig zu deuten und entsprechend zu reagieren. So haben schon kleine Babys die Fähigkeit abzuschalten, wenn es ihnen zu viel wird. Sie wenden den Kopf ab, beenden den Blickkontakt und können einfach einschlafen – eine beneidenswerte Fähigkeit!

Zeit lassen

Das Verhalten und die Reaktionsfähigkeit des Neugeborenen hängen natürlich stark von seinem Reifezustand ab. Nach einer schwierigen Geburt, oder wenn das Baby zu früh oder zu spät zur Welt kam, braucht es einige Zeit, um sich zu erholen und aktiv in Beziehung zu seiner Umwelt treten zu können.

Was Neugeborene alles können

Ein Baby kommt mit erstaunlichen Fähigkeiten auf die Welt.

Neurobiologische Erkenntnisse haben unser Bild vom Kind in den letzten Jahrzehnten grundlegend verändert. Aus vielen Untersuchungen und Studien weiß man, dass ein Baby keinesfalls ein „unbeschriebenes Blatt“ ist, sondern mit wachen Sinnen und erstaunlichen Fähigkeiten zur Welt kommt. Sie sichern sein Überleben, ermöglichen ihm, Beziehungen einzugehen, und bilden die Basis seines lebenslangen Lernvermögens. Aus diesem Grunde spricht man heute vom „kompetenten

Säugling", ein Begriff, der von dem Entwicklungspsychologen Martin Dornes (1993) geprägt wurde. „Kompetent" bedeutet dabei, dass das Kind von Anfang an ein beziehungsfähiges, individuelles kleines Wesen ist, das bereits mit verschiedensten Gefühlen ausgestattet ist und seine Entwicklung aktiv mitgestaltet. Wegbereitend für die Erkenntnis des „kompetenten Säuglings" waren auch Forschungen des amerikanischen Kinderarztes Dr. T. Berry Brazelton zu den biologischen Kompetenzen und Reflexen der Säuglinge, ihre Sinneswahrnehmungen, die soziale Kompetenz und die Lernfähigkeit.

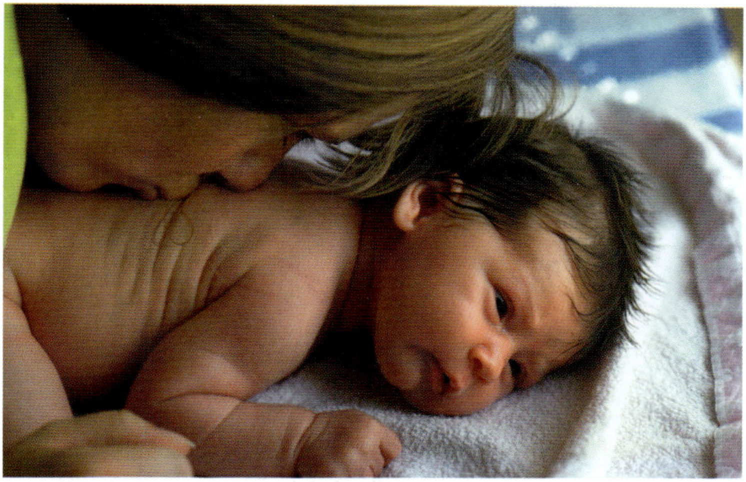

Die Reflexe

Reflexe sind unwillkürliche Reaktionen auf äußere und innere Reize. Sie sind ein uraltes Erbe der menschlichen Grundausstattung und sichern, wie z. B. der Such- und Saugreflex, das Überleben des Babys. Das Funktionieren dieser Reflexe zeigt, dass das Nervensystem richtig arbeitet. Viele Reflexe verschwinden im Laufe der Entwicklung, andere, wie der Atemreflex, bleiben lebenslang erhalten.

Die wichtigsten Reflexe:

- Such- und Saugreflex
- Würgereflex (wenn das Baby unter Wasser gerät)
- Krabbelreflex
- Schluckreflex
- Klammerreflex
- Moro-Reflex (ruckartiges Spreizen der Arme bzw. Finger)

Die Reflexe werden bei den Vorsorgeuntersuchungen jeweils vom Kinderarzt/der Kinderärztin überprüft und geben Hinweise auf den Entwicklungsstand des Babys.

Die soziale Kompetenz

Dem Blick eines Neugeborenen kann praktisch niemand widerstehen.*

Das Neugeborene verfügt über eine angeborene Verhaltensausstattung, die darauf angelegt ist, dass es mit seiner Umwelt und speziell mit anderen Menschen in Beziehung tritt. Zu diesen Verhaltensweisen gehören das Anschauen, die Imitation und die Mimik. So sind die meisten Eltern überrascht, mit welch wachem Blick ihr Neugeborenes sie gleich nach der Geburt anschaut und welch vielfältiges Mienenspiel es zeigt. Doch das Neugeborene kann noch viel mehr: Es ist bereits in der Lage, den Gesichtsausdruck von Erwachsenen zu imitieren, d. h. es kann die Gesichtsbewegungen anderer mit seinen eigenen in Einklang bringen, ohne sich selbst zu beobachten – eine erstaunliche Leistung. Diese Fähigkeit, Kontakt aufzunehmen, weckt bei Erwachsenen, speziell der Mutter, den Beschützerinstinkt und sichert dem Kind so Fürsorge und Liebe.

Das Neugeborene verfügt aber nicht nur über differenzierte Formen des Ausdrucks, sondern ist sogar in der Lage, unterschiedliche Gefühlsschwingungen, wie z. B. Freude, Trauer, Ernst, beim Gegenüber zu erspüren und in seinem eigenen Gesichtsausdruck mitzuteilen.

Schreien – ein wichtiges Kommunikationsmittel

Auch wenn das Neugeborene bereits über verschiedene Kommunikationsformen verfügt, so ist das Schreien doch sein wichtigstes Mittel, um sich bemerkbar zu machen. Und das Baby entwickelt sehr bald unterschiedliche Nuancen des Schreiens, mit denen es seine verschiedenen Bedürfnisse ausdrückt: Hunger, den Wunsch nach Zuwendung, nasse Windeln. Wenn die Eltern aufmerksam sind, lernen sie bald, diese unterschiedlichen Signale richtig zu deuten.

Die Sinneswahrnehmungen

Wenn das Baby auf die Welt kommt, kann es bereits sehen, hören, riechen, schmecken und fühlen. Doch diese Sinne funktionieren nicht nur jeder für sich, sondern das Neugeborene kann die Informationen, die es über diese Sinne erhält, auch ordnen, miteinander verknüpfen und

*Psychische Störungen, wie z.B. eine Wochenbettdepression, können dazu führen, dass Eltern dies nicht so sehen.

darauf reagieren. Und es kann alle neuen Sinneserfahrungen zu bereits gemachten Erfahrungen in Beziehung setzen. Dieses Zusammenspiel bezeichnet man als Integration der Sinne bzw. nach der Entwicklungspsychologin Anna Jean Ayres als sensorische Integration (siehe Seite 31ff.); diese bildet eine wesentliche Basis jeder Lernerfahrung. Lernen beginnt also bereits in der ersten Sekunde des Lebens.

Sehen

Das Sehen ist der bei der Geburt am wenigsten entwickelte Sinn. Die Nervenbahnen von den Augen zum Gehirn sind noch nicht ausgereift; außerdem verfügt das Neugeborene noch nicht über Erfahrungen, um das Gesehene einordnen zu können. Doch vom ersten Blickkontakt an entwickelt sich der Sehsinn am schnellsten. Vom ersten Tag an kann das Neugeborene Farben und Formen unterscheiden und Gesichtsausdrücke wahrnehmen und imitieren. Am besten sieht das Neugeborene aus einer Entfernung von 25–30 cm. Dabei folgt es einem sich bewegenden Objekt in seinem Gesichtsfeld mit den Augen. Interessant ist auch, dass das Baby von Geburt an aktiv nach visuellen Reizen sucht und sich z.B. auch beim Stillen ablenken lässt, wenn ein neuer Reiz in seinem Blickfeld auftaucht.

Alle Sinne brauchen Reize, um sich entfalten zu können.

Hören

Bereits im Mutterleib hört das Baby – sowohl Geräusche von außen als auch den Herzschlag der Mutter und das Pulsieren der Nabelschnur. Bei der Geburt ist das Hörvermögen bereits verhältnismäßig gut entwickelt, und schon das Neugeborene reagiert auf eine Rassel oder Stimme. Sehr bald erkennt es die Stimme der Mutter und bevorzugt sie deutlich gegenüber anderen.

Wiedererkannt

In einem Experiment wurde drei Tage alten Babys eine Geschichte vorgelesen – einmal von der Mutter, dann von einer fremden Frau. Jedes Baby hörte aufmerksamer zu, wenn ihm seine Mutter vorlas. Andere Versuche zeigten, dass eine Geschichte, die das Neugeborene schon aus der Zeit im Mutterleib „kannte“, mehr Interesse erregte als eine unbekannte. Ebenso konnte man feststellen, dass sich Babys durch Musik, die sie schon im Mutterleib gehört hatten, leichter beruhigen ließen.

Schmecken und Riechen

Geruchs- und Geschmackssinn hängen eng miteinander zusammen und sind bei der Geburt schon gut entwickelt. So erkennt das Neugeborene seine Mutter bereits am typischen Geruch ihrer Haut und kann die vier Geschmacksrichtungen (süß, sauer, scharf, bitter) voneinander unterscheiden. Außerdem unterscheidet es zwischen unangenehmem und angenehmem Geschmack und Geruch und bevorzugt eindeutig die süße Geschmacksrichtung.

Fühlen

Die Haut ist ein hoch sensibles Organ, das schon bei der Geburt weit entwickelt ist. Das Baby empfindet Wärme und Kälte, Druck, Schmerz und Bewegung. Jede Berührung wird von den Rezeptoren in der Haut wahrgenommen und über Nervenbahnen an das Gehirn weitergeleitet. Diese Reize fördern die Strukturierung des Gehirns und damit die Entwicklung des Kindes. Körperkontakt und Berührungen sind daher nicht nur für die emotionale Sicherheit, sondern auch für seine geistige Entwicklung unabdingbar.

Die Lernfähigkeit

Vom ersten Lebenstag an fördert jeder Sinneseindruck das Lernvermögen des Babys.

Während man früher glaubte, ein Baby könne weder lernen noch sich erinnern, weil sein Gehirn noch nicht voll ausgebildet ist, weiß man heute, dass sich von Geburt an – ja schon vor der Geburt – Lernprozesse vollziehen. So stellt die Fähigkeit des Neugeborenen, sich an bestimmte Dinge zu gewöhnen, einen typischen Lernprozess dar. Denn Lernen ist im Grunde nichts anders, als sich an einen Reiz zu gewöhnen und darauf zu reagieren.

Wenn man dem Neugeborenen einen bestimmten Reiz – z. B. einen Gegenstand oder ein Geräusch – immer wieder vorführt, verliert es allmählich das Interesse daran. Dies bedeutet, dass es sich daran erinnert und ihm dieser Reiz langweilig wird. Die Gewöhnung gilt als Indikator für ein funktionierendes Hirn- und Nervensystem und als zuverlässiges Vorhersageinstrument für spätere Intelligenz. Das Erinnerungsvermögen wiederum ist die Grundlage für jede Art des „Lernens aus Erfahrung“ im späteren Leben.

Jedes Baby ist einzigartig

Bei all den Gemeinsamkeiten, die Neugeborene aufweisen, ist eines sicher: Jedes Kind ist von Geburt an ein einmaliges Individuum und verfügt in Grundzügen bereits über eine Persönlichkeit. So sind Neugeborene nicht nur unterschiedlich groß und schwer, sondern unterscheiden sich auch in ihrer Energie und ihrem Bewegungsbedarf, in ihrem Schlafbedürfnis, in ihrer Neugierde und Anpassungsfähigkeit. Sie unterscheiden sich auch darin, wie sie auf Berührungen reagieren und wie sie sich beruhigen lassen. Es gibt sie tatsächlich schon von Geburt an, die „Grundcharaktere“: die ruhigen, die „normalen“, ausgeglichenen und die lebhaften. Diese Erkenntnis, die schon der Kinderarzt T. B. Brazelton 1994 mitteilte, hat sich in der neueren Forschung bestätigt. Psychologen sprechen auch von den Temperamenten, was in etwa gleichbedeutend ist mit der Grundpersönlichkeit eines Menschen. Und diese Grundpersönlichkeit ist in den Genen angelegt und äußert sich von Anfang an. Dabei gibt es durchaus auch „schwierige“ Babys, die es den Eltern nicht leicht machen, eine tiefe Beziehung herzustellen.
Wichtig ist, dass Eltern von vornherein um diese angeborenen Wesensunterschiede wissen und versuchen, sich auf die Persönlichkeit ihres Babys einzustellen. Manchmal kommt es auch vor, dass die Charaktere von Baby und Eltern sehr verschieden sind: wenn äußerst ruhige Eltern ein sehr lebhaftes Baby bekommen oder auch umgekehrt, wenn sehr temperamentvolle Eltern meinen, sie müssten ihr ruhiges, sehr ausgeglichenes Baby zu mehr Aktivität animieren oder gar glauben, ihm fehle etwas, weil es so ruhig ist. Es ist wichtig, sich solche Temperamentsunterschiede bewusst zu machen, um das elterliche Verhalten an das Baby anpassen zu können. Denn die Berücksichtigung seiner individuellen Bedürfnisse ist ganz wesentlich für das Gedeihen des Babys.

Eltern mehrerer Kinder wissen, wie unterschiedlich bereits Neugeborene sein können.

Auch Eltern sind kompetent!

Nicht nur Babys sind „kompetent“ – auch Eltern verfügen über die instinktive Fähigkeit, richtig auf ihr Baby einzugehen. Eltern erfassen das individuelle Verhalten ihres Säuglings intuitiv richtig. Untersuchungen haben gezeigt, dass Eltern die Signale ihres Babys meist richtig deuten, wenn sie sich auf ihre Instinkte verlassen und dann „automatisch“ in der richtigen Weise mit ihm umgehen. So halten sie ihr Baby z. B. in genau der Entfernung zu ihrem Gesicht, in dem das Baby am besten sehen kann. Sie reden in einer höheren Stimmlage sehr langsam und betont mit ihrem Kind. Auch das machen Eltern instinktiv richtig, denn Neugeborene haben eine Vorliebe für hohe Stimmen und klare Rhythmen.

Ebenso wie das Neugeborene die Mutter imitiert, tut es die Mutter ihrerseits. Auch sie übernimmt automatisch Bewegungen und Gesichtsausdruck des Babys – die beste Voraussetzung, um ein perfektes Team zu werden!

Wichtig ist, dass Eltern auf ihre Instinkte vertrauen.

Aber nicht immer funktioniert dieses „natürliche Verhaltensmuster" „ problemlos. Zum einen kann es Probleme geben, wenn sich das Temperament von Mutter bzw. Eltern und Kind stark unterscheiden (siehe Seite 19). Aber auch die eigenen Kindheitserfahrungen spielen im Umgang mit dem Kind eine Rolle. So weiß man, dass die Ursachen für eine unsichere Bindung zwischen Kind und Mutter oder Vater in einer eigenen unglücklichen Kindheit liegen können. Deshalb ist es gut, wenn werdende Eltern als Teil der Vorbereitung in der Schwangerschaft auch ihre eigene Kindheit überdenken und möglicherweise existierende nachteilige Prägungen aufarbeiten.

Und nicht zuletzt sind heute viele junge Eltern infolge der Vielzahl sich oftmals widersprechender Erziehungsmethoden und Erziehungsratschläge auch verunsichert. Nicht selten bereitet man sich mit Hilfe vieler Bücher auf das Leben mit dem Kind vor und vertraut dann, angesichts all dieses kopflastigen Wissens, nicht mehr auf die Instinkte und die eigenen Gefühle. Doch die Instinkte weisen Ihnen im Umgang mit Ihrem eigenen Kind sicher einen guten Weg.

Wie Sie Ihr Neugeborenes empfangen

Nehmen Sie Ihr Neugeborenes voller Liebe und Offenheit an. Respektieren Sie von Anfang an sein individuelles Verhalten und sein Temperament. Vertrauen Sie auf Ihre elterliche Intuition im Umgang mit Ihrem Kind, und reagieren Sie prompt, zuverlässig und angemessen auf seine Bedürfnisse. Kommen Sie seinem Bedürfnis nach Körperkontakt nach. Reagieren Sie auf seine wachen Sinne, aber überfordern Sie es auf keinen Fall. Freuen Sie sich einfach auf die gemeinsamen Jahre, die vor Ihnen liegen.

Die Entwicklung im ersten Lebensjahr

Nie wieder im Leben entwickelt sich der Mensch so rasant wie im ersten Lebensjahr. Aus dem kleinen Wesen wird eine individuelle Persönlichkeit, die ihren Alltag schon in vielfältiger Weise selbst mitbestimmt. In der Körperbeherrschung und Weiterentwicklung seiner Sinne und Wahrnehmung und in seiner kognitiven Leistung gelingt dem Baby in diesem Jahr Erstaunliches: Es lernt sich selbst fortzubewegen und eignet sich durch Erforschen die Umgebung schrittweise an.

Eine einzigartige Zeit

Nie wieder im Leben ist die Entwicklung so rasant wie im ersten Lebensjahr.

Das erste Lebensjahr ist die Zeit der Anpassung und Orientierung in der Welt. Das Baby lernt, seinen Körper zu beherrschen, seine Sinne optimal zu nutzen, um so erforschen, reagieren, sich mitteilen und schließlich zielstrebig handeln zu können. Es lernt begreifen und den Zusammenhang von Ursache und Wirkung verstehen.
Und das Erstaunlichste daran: Diese Entwicklung vollzieht sich praktisch von selbst. Das Kind selbst treibt seine Entwicklung voran – dank eines inneren Entwicklungsplans und seiner angeborenen Neugierde. Doch eine wichtige Voraussetzung ist unabdingbar: Das Baby muss sich einer verlässlichen, liebevollen Beziehung zu den Eltern sicher sein, und die Eltern müssen zuverlässig und feinfühlig auf seine Bedürfnisse eingehen.

Urvertrauen

Damit das Baby sich gemäß seinem inneren Entwicklungsplan optimal entfalten kann, muss es sich geborgen und angenommen fühlen. Dieses Urvertrauen, das aus der Gewissheit der elterlichen Liebe entsteht, ist der Grundpfeiler jeder Entwicklung.

Wenn die Liebe fehlt – ein lebenslanges Trauma

Wenn Kindern von klein auf Fürsorge versagt bleibt, kann dies ein lebenslanges Trauma verursachen. Man spricht dabei auch von frühkindlicher Deprivation. So zeigte sich z. B., dass rumänische Waisenkinder, die in der Ära Ceausescu unter schlimmen Bedingungen in Waisenhäusern lebten, auch nach ihrer Adoption in eine Familie bis heute unter der Vernachlässigung leiden. Sie können an ihre neuen Eltern oft nur eine schwache Bindung aufbauen und gehen ohne jedes Gefühl der Distanz auf wildfremde Menschen zu. Und sie haben Schwierigkeiten, die Empfindungen anderer Menschen an deren Mimik und Tonfall zu erkennen. Mit Hilfe bildgebender Untersuchungsverfahren konnte man feststellen, dass sich die frühen traumatischen Erfahrungen tief in die Gehirnwindungen eingegraben haben und der Stoffwechsel in einer an der Gefühlsentstehung beteiligten Hirnregion vermindert ist, d. h. nicht richtig funktioniert.
Auch eine schwere Krankheit oder große, anhaltende Probleme der Eltern können in entsprechender Weise eine nachhaltige Auswirkung auf die emotionale Entwicklung des Kindes haben.

Die Entwicklung: universell und individuell

Die Entwicklung eines Kindes vollzieht sich in bestimmten Schritten, die einem biologisch festgelegten Ablauf folgen. So ist es einsichtig, dass jedes Kind erst die Kontrolle über seinen Kopf erwerben muss, dann sitzen und schließlich stehen können muss, bevor es schließlich laufen lernt. Auch die Sprachentwicklung folgt einem ganz speziellen Schema. Ebenso folgt die soziale Entwicklung bestimmten Stadien; so durchlaufen z. B. alle Kinder um den achten Lebensmonat die typische „Fremdelphase“ (siehe Seite 101).
Die Entwicklung eines Babys verläuft also nach einem vorgegebenen Entwicklungsmuster und folgt einer natürlichen Gesetzmäßigkeit. Dabei verläuft diese Entwicklung nicht kontinuierlich, in einem gleichbleibenden Tempo, sondern vollzieht sich teilweise sprunghaft. So gibt es Zeiten, in denen das Baby enorme Fortschritte macht – z. B. im zweiten, dritten Lebensmonat, wenn es bewusst zurücklächelt, oder in der Fremdelphase, wenn es sich seines Selbst bewusst wird. Dann folgen wieder Phasen, in denen die Entwicklung zu stagnieren scheint. Doch keine Sorge: In diesen Phasen verfestigt das Baby seine neu erworbenen Fähigkeiten, indem es sie immer wieder übt und auf neue Bereiche überträgt.

Jedes Kind hat sein eigenes Entwicklungstempo

Bei aller Einheitlichkeit des Entwicklungsverlaufs darf nicht vergessen werden: Jedes Baby ist von Anfang an eine individuelle Persönlichkeit und bestimmt seine Entwicklung selbst mit. Der Schweizer Kinderarzt Prof. Dr. Remo Largo sprach 1993 in seinem Werk „Babyjahre“ von der „Einheit und Vielfalt“ der kindlichen Entwicklung – eine Erkenntnis, die vielfach bestätigt worden ist. Dies bedeutet, dass die Entwicklung zwar universell geltenden Stadien folgt, die aber bei jedem Kind individuell geprägt und vielfältig sind. Es gibt sie eindeutig, die Frühstarter und die Spätzünder – von Anfang an. Dabei spielt natürlich das angeborene Temperament des Kindes eine wichtige Rolle (siehe auch Seite 119f.), das sein Wesen schon früh prägt. So gibt es schon unter gleichaltrigen Babys den typischen „Draufgänger“„, der bereits mit neun Monaten läuft und alles erkundet, und andererseits den „Denker“, der die Welt lieber in Ruhe beobachtet und wenig Lust auf körperliche Fortbewegung zeigt. Beide Kinder sind völlig normal entwickelt!

Die Entwicklung vollzieht sich in bestimmten Stadien, ist aber individuell geprägt.

Der ständige Vergleich mit dem, was andere Babys „können", ist nicht förderlich.

Dieses Beispiel zeigt, wie wichtig es ist, dass Eltern ihr Baby nicht ständig mit anderen vergleichen: Was kann das andere, was das eigene noch nicht kann? Das führt nur zu Verunsicherung und falschen Erwartungen und ist zum Nachteil des Kindes, der Mutter, je nach Intensität auch des Vaters bzw. der ganzen Familie. Vertrauen Sie lieber auf Ihr Kind. Es wird sich gemäß seinem Tempo entwickeln. Freuen Sie sich an dem, was es schon kann, und erwarten Sie nicht nichts, was es vielleicht schon können „müsste". Respektieren Sie seine eigene Entwicklung. Das bedeutet natürlich nicht, dass Sie beim begründeten Verdacht auf eine Entwicklungsverzögerung nicht unverzüglich den Kinderarzt/die Kinderärztin konsultieren sollten.

Die Rolle von Vererbung und Umwelt

Jeder Mensch wird durch seine genetische Veranlagung sowie durch Umwelteinflüsse geprägt.

Die Entwicklung des Kindes folgt einem biologischen Grundmuster und vollzieht sich im Rahmen seiner genetischen Veranlagung, die sich z. B. im Temperament äußert und die auch die Intelligenz mitbestimmt. Das Erbgut erhält das Kind in gleichen Teilen von Vater und Mutter. Vererbt werden z. B. die Anlagen für körperliche und psychische Merkmale wie Augenfarbe und Körpergröße. Aber auch intellektuelle und motorische Fähigkeiten sind in Grundzügen bereits genetisch vorbestimmt. Doch die besten Anlagen können bei einem Kind verkümmern, wenn sie sich nicht in einer förderlichen Umwelt entfalten können. Und damit findet sich auch eine Antwort auf die immer wieder neu gestellte Frage: Was bestimmt das Verhalten und die Leistungen eines Menschen – seine genetische Veranlagung oder die Umwelt bzw. die Erziehung? Man geht heute davon aus, dass Vererbung und Umwelt den Menschen gleichermaßen prägen. Veranlagung und Umwelt greifen von Anfang an untrennbar ineinander. Dies bedeutet: Ein Kind kann sich optimal entwickeln, wenn die Eltern seine individuelle Veranlagung erkennen und respektieren und ihre Entfaltung durch sensible Unterstützung ermöglichen. Dies bedeutet aber auch, dass sie erkennen, dass nicht aus jedem Kind ein Nobelpreisträger oder ein berühmter Pianist werden kann, wenn man es nur ausreichend „fördert".
Die Tatsache, dass auch die angeborenen Anlagen die Entwicklung eines Kindes wesentlich mitbestimmen, entlastet die Eltern andererseits auch von dem Druck, durch ihr Handeln allein verantwortlich dafür zu sein, was aus dem Kind später einmal wird. Sie können sich von der

Annahme befreien, dass ausschließlich die Umwelt, und damit ihre Erziehung, ausschlaggebend für das Verhalten und den späteren „Erfolg" des Kindes ist. Eltern mehrerer Kinder kennen diese unterschiedliche Veranlagung – auch bei Geschwistern: So ist das Erstgeborene vielleicht eine Leseratte, fasziniert auch von der Wissenschaft und ein hervorragender Klavierspieler, während das Jüngere völlig ohne Bücher und Schule leben könnte, der Flöte nur höchst zweifelhafte Töne entlockt, aber dafür tragendes Mitglied des Fußball-, Tennis- und Theatervereins ist. Und das trotz aller Bemühungen der Eltern, dieses Kind auch an Bücher heranzuführen – dasselbe familiäre Umfeld – und doch eine höchst unterschiedliche Entwicklung.

Aufgabe der Eltern ist es, die individuellen Anlagen des Kindes zu erkennen und zu unterstützen.

Aber selbstverständlich haben die Eltern großen Einfluss: Es liegt sehr an ihnen, ob das Kind seine Anlagen optimal entfalten kann und welche Verhaltensweisen sich aus diesen Anlagen entwickeln. So kann z. B. ein lebhaftes Temperament die Basis dafür bilden, dass ein Kind Neugierde, vielfältiges Interesse, Offenheit und wichtige soziale Kompetenzen entwickelt. Dieses Temperament kann aber auch, bei Vernachlässigung oder nachteiliger Erziehungshaltung, zu Aggressivität, Jähzorn und Unbeherrschtheit führen.

„Entwicklungshelfer"

Eltern sind „Beobachter" und „Entwicklungshelfer" ihres Kindes. Durch einfühlsames Beobachten erkennen sie das Wesen, den Charakter und die Anlagen ihres Babys. Durch sensible Begleitung der Eltern können sich diese gut entfalten.

Körper, Gefühle und Intelligenz – eine untrennbare Einheit

Die Fortschritte, die das Baby im ersten Lebensjahr macht, sind enorm und augenfällig – in körperlicher, geistiger und sozialer Hinsicht. Doch kein Bereich entwickelt sich unabhängig vom anderen; körperliche, geistige und soziale Entwicklung verlaufen nicht getrennt, sondern alles greift von Anfang an ineinander. So wird das Gehirn vom ersten Lebenstag an unablässig durch die über die Sinne aufgenommenen Reize geprägt (siehe Seite 34f.) und bildet dadurch eine Vielzahl von neuronalen Strukturen aus, die die spätere kognitive Leistung – und

Sinneseindrücke und Bewegung liegen jeder Entwicklung zugrunde.

damit die Intelligenz – beeinflussen. Eine anregende Umgebung ist also unverzichtbar für eine optimale Entwicklung des Babys.

Die Wahrnehmungen veranlassen das Baby sehr bald zu eigenen Bewegungen, um das Wahrgenommene näher zu untersuchen bzw. darauf zu reagieren. Dies geschieht schon sehr früh, wenn das Baby z. B. den Kopf zu einem Geräusch hinwendet. Dieser Wille zur eigenen Bewegung liegt der motorischen Entwicklung zugrunde und ist somit der erste Schritt zur handelnden Auseinandersetzung mit der Umwelt. Denn erst die Bewegung ermöglicht die Erforschung der Gegenstände und der Umgebung. Dies wird beim Krabbelbaby sehr deutlich, wenn es Schubladen ausräumt oder mit Vorliebe am DVD-Player hantiert. Dieses Erkunden, das körperliche Erfahren und Be-greifen sind zentral für das allmähliche intellektuelle Verstehen der Welt. Deshalb braucht das Baby mit zunehmendem Alter immer größer werdende Freiräume, um eigenständig Erfahrungen sammeln zu können – aber selbstverständlich auch Grenzen, die es einhalten lernen muss.

Voraussetzung dafür, dass das Kind diese komplexe Entwicklung ungestört durchlaufen kann, ist die emotionale Geborgenheit. Nur wenn eine sichere, liebevolle Bindung zu den Eltern (oder anderen verlässlichen Bezugspersonen) besteht, ist das Baby frei, seine Entwicklung voranzutreiben.

Die körperliche und motorische Entwicklung

Die Kontrolle über den Kopf ist die Voraussetzung für jede aktive Bewegung.

Im ersten Lebensjahr wachsen Kinder schneller als jemals wieder in ihrem Leben – insgesamt um etwa 30 cm. Auffällig ist auch die Verschiebung der Körperproportionen – vor allem Arme und Beine strecken sich. Ein Meilenstein ist erreicht, wenn die Zähne durchbrechen, denn ohne Zähne kann das Baby weder Beikost essen noch sprechen lernen.

Mit besonderem Interesse verfolgen die meisten Eltern die motorische Entwicklung ihres Kindes. Auch hier gibt es bestimmte Meilensteine, die aufeinander aufbauen, denn bis ein Baby sich allein fortbewegen kann, sind eine Menge Reifungs- und Lernschritte notwendig.

Jede Fortbewegung beginnt mit der Kopfkontrolle, die das Baby in den ersten zwei Lebensmonaten allmählich gewinnt. So kann es im zweiten Lebensmonat den Kopf um mindestens 45 Grad hochheben und ihn mehr als zehn Sekunden oben halten.

Mit drei Monaten beginnt das Baby mit Vorübungen zum Krabbeln: Es kann Kopf und Brust anheben und erfährt bald, dass es durch die Gewichtsverlagerung des Kopfes auf den Rücken rollen kann.
Mit ungefähr sechs Monaten kann es sich aktiv vom Rücken auf den Bauch drehen. Wenn es irgendwann zwischen dem siebten und zwölften Lebensmonat auch noch das Gewicht seines Körpers auf den Händen tragen und die Knie unter seinen Körper ziehen und sich hochstemmen kann, ist es mobil und krabbelt davon. Die Welt will nun erforscht werden!
Bald zieht es sich nun an Gegenständen hoch, hangelt sich an der Wand entlang und unternimmt schließlich die ersten freien Gehversuche.
Die Kopfkontrolle ist auch Voraussetzung für das freie Sitzen. Mit etwa sechs Monaten können die meisten Babys kurzfristig allein aufrecht sitzen, mit rund acht Monaten dann stabil und sicher.

Ausnahmen bestätigen die Regel!

Dem oben beschriebenen Erwerb der Fortbewegung folgen rund 90 Prozent der Babys. Aber es gibt durchaus Ausnahmen. So gibt es Babys, die das Krabbelstadium ganz überspringen oder die eine andere Art der Fortbewegung entwickeln, das sitzende Rutschen. Manche lassen sich auch mehr Zeit, bis sie einzelne Entwicklungsstufen erreichen, andere starten schneller durch.

Die feinmotorische Entwicklung

Während die Fortbewegung – die Grobmotorik – von den Eltern aufmerksam verfolgt wird, vollzieht sich die Entwicklung der Feinmotorik oft weitgehend unbemerkt. Die Feinmotorik, d. h. die Handgeschicklichkeit des Kindes, wird von den Eltern oft erst beachtet, wenn es im Kindergarten- oder Schulalter Probleme gibt, weil das Kind nicht altersgemäß eine Schere halten, malen oder schreiben kann. Dabei ist die Feinmotorik für das Erkunden der Welt von klein an von höchster Bedeutung. Denn erst durch das Greifen ist das Baby in der Lage, seine Umgebung zu untersuchen. Dies gelingt ihm etwa ab dem sechsten Lebensmonat. Bis es so weit ist, müssen wesentliche Voraussetzungen geschaffen werden: Das Baby muss einen Gegenstand mit den Augen ausreichend lange fixieren können. Es muss den Kopf und seine Bewegungen kontrollieren können und schließlich genügend Muskulatur entwickelt haben, um Kraft zum Zugreifen zu haben. Doch auch das

Bis das Baby gezielt greifen kann, müssen viele Reifungsvorgänge durchlaufen werden.

Nervensystem muss ausreichend ausgebildet sein, damit die reflexartige Faustbildung überwunden wird. Mit acht bis zehn Wochen wird sich das Baby seiner Hände bewusst und betrachtet sie fasziniert: Dabei übt es bereits die Koordination von Auge und Hand. Im dritten Monat beginnt es mit den Händen zu spielen und bewegt auch eine Rassel, die man ihm gibt. Nun beginnt es auch, alle Gegenstände an den Mund zu führen. Der Mund ist ein sehr sensibles Organ, und durch das Abtasten mit dem Mund erwirbt das Baby eine Vorstellung von den Dingen. Etwa im sechsten Monat gelingt dem Baby das sichere Zugreifen mit der ganzen Hand – ein wichtiger Meilenstein ist erreicht.
Im siebten Monat kann es Dinge mit beiden Händen greifen und damit noch genauer erforschen. Im neunten Monat schließlich lernt es etwas äußerst Faszinierendes: Es kann Dinge willentlich loslassen und fallen lassen – ein faszinierendes Spiel beginnt: Das Baby lässt etwas fallen, schaut die Eltern auffordernd an, sie heben es auf, das Baby lässt es fallen – die Ausdauer, die das Kind dabei entwickelt, kann die Geduld der Eltern wahrlich auf die Probe stellen. Das Baby lernt dabei jedoch ganz wichtige Zusammenhänge von Ursache und Wirkung.
Im zehnten bis elften Monat verfeinert das Baby seine Handgeschicklichkeit und erwirbt den „Pinzettengriff", d. h. es kann kleine Gegenstände mit Daumen und Zeigefinger fassen. Nun findet es jeden Krümel auf dem Boden!

Forscherdrang nicht bremsen!

Wenn Ihr Baby erst mal mobil wird, ist nichts mehr vor ihm sicher. Nun sollte die Wohnung unbedingt kindersicher sein, denn es kommt der Entwicklung des Kindes nicht zugute, wenn sein Forscherdrang von einem ständigen „Nein, lass das" unterbrochen wird. Räumen Sie alles weg, was das Baby gefährden könnte (Kleinteile, die es verschlucken kann, sowie wertvolle Gegenstände), und lassen Sie ihm ansonsten freie Bahn!

Wahrnehmung und Integration der Sinne

Die Sinnesorgane reifen im Laufe des ersten Lebensjahres weiter aus, und die Wahrnehmungssysteme differenzieren sich. Zu den Wahrnehmungssystemen, die die Basis der gesamten menschlichen Wahrnehmung darstellen, gehören das Gleichgewichtssystem (Vestibulärsystem), die Tiefensensibilität, d. h. die Eigenwahrnehmung von Sehnen, Muskeln und Gelenken, und der Tastsinn.

Die Entfaltung der Sinne verläuft von den Eltern weitgehend unbemerkt.

Das *Sehen*, der Kardinalsinn des Menschen, entwickelt sich in den ersten ein bis zwei Jahren auf das Erwachsenen-Niveau. Bereits in den ersten sechs Lebensmonaten nimmt die Bildschärfe rasch zu. Etwa vom Ende des vierten Monats an entwickelt sich innerhalb weniger Wochen das plastische, räumliche Sehen, die Voraussetzung dafür, dass sich das Kind in der Welt orientieren kann, Entfernungen abschätzen und schließlich gezielt greifen kann.

Bei der Entwicklung des Sehvermögens gibt es sensible Phasen (siehe Seite 32f.), während derer bestimmte Leistungen erworben werden müssen. Gelingt dies aus irgendeinem Grunde nicht – infolge einer organischen Störung oder mangelnder Reize –, kann diese Fähigkeit später nicht mehr nachgeholt werden. So reicht die sensible Phase für die Stereosicht (das unabhängige Sehen mit beiden Augen) bis zum zweiten Lebensjahr. Haben sich Sehleistungen bis dahin nicht entwickelt, können sie später nicht mehr erworben werden. Aus diesem Grunde sollten Sehstörungen wie Schielen oder Trübungen von Hornhaut und Linse früh erkannt und behandelt werden.

Das *Hörvermögen* ist schon bei der Geburt gut ausgeprägt, die Hörverarbeitung reift in den ersten Lebensmonaten noch aus. Die Fähigkeit des Richtungshörens entwickelt sich allerdings erst allmählich bis ins Alter von zwei Jahren. Auch hier ist es wichtig, eventuelle Hörbehinderungen frühzeitig zu erkennen, da ansonsten die gesamte Entwicklung des Kindes beeinträchtigt wird.

Der *Geruchs- und Geschmackssinn*, der bei der Geburt ebenfalls schon gut entwickelt ist, entfaltet sich im ersten Lebensjahr ohne elterliches Zutun weiter. Bitte gewöhnen Sie Ihr Baby nicht von klein auf an allzu intensive Geschmacksrichtungen (sehr süß oder gesalzen und gewürzt), sondern lassen Sie es bei seinen ersten Erfahrungen mit Beikost die natürlichen Geschmacksrichtungen der Lebensmittel schmecken.

Das *Fühlen*, der Tastsinn, ist für das Baby ein vorrangiges Sinnesorgan. Es ist in gleicher Weise bedeutsam für seine emotionale wie für seine geistige Entwicklung. Denn die Haut ist ein wichtiger „Informationsübermittler". Jede Berührung wird über die Rezeptoren in der Haut aufgenommen und über Nervenbahnen an das Gehirn weitergegeben, dessen Strukturierung sie damit prägen. Man weiß heute, dass ein Baby ohne zärtliche Berührungen körperlich, seelisch und geistig verkümmert.

Liebevoller Körperkontakt ist für die Entwicklung des Babys von höchster Bedeutung.

Kaiser Friedrich II. (1194–1250) ließ Säuglinge ihren Müttern wegnehmen, weil er wissen wollte, welche Sprache Kinder „natürlicherweise" erlernen, wenn nie jemand mit ihnen spricht. Würden sie die Sprache ihrer Eltern, Griechisch, Latein oder Arabisch sprechen? Er übergab die Säuglinge Ammen, die sie stillen und sauber halten sollten, aber in keiner Weise mit ihnen sprechen oder auf sie eingehen durften. Der Kaiser wartete vergeblich: Alle Kinder starben schon im Säuglingsalter, ohne ein Wort geäußert zu haben!

Während in der ersten Zeit vor allem das Berührt-Werden im Vordergrund steht, erforscht das Baby sehr bald die Welt auch selbst über seinen Tastsinn. Besondere Bedeutung kommt dabei neben Händen und Fingerspitzen dem Mund zu: Das Baby führt jeden Gegenstand zum Mund, um ihn mit Zunge und Lippen zu untersuchen. Bereits bei der Geburt sind die Rezeptoren von Lippen, Zunge und Mundhöhle voll ausgebildet und ermöglichen damit auch das Saugen.

Ausreichende Reize zur Entfaltung der Sinne anbieten:
Für das Sehen sind z.B. Fotos und Mobiles im Blickfeld des Babys eine gute optische Anregung. Das Hörvermögen wird durch liebevolle Ansprache, Kinderlieder oder klassische Musik gefördert. Der Geruchs- und Geschmackssinn wird durch Alltagsdüfte ausreichend entwickelt. Den Tastsinn des Babys kann man durch das Fühlenlassen unterschiedlicher Texturen (Wolle, Seide, Fell usw.) sensibilisieren.

„Überfüttern" Sie Ihr Baby aber keinesfalls mit Sinneseindrücken. Eine Überreizung ist ebenso nachteilig wie ein Mangel an Angeboten. Achten Sie auch auf die Ausgewogenheit des Reizangebots: Alle Sinne wollen gleichermaßen angesprochen werden; es sollte nicht einer auf Kosten der anderen bevorzugt werden.

Die Wahrnehmungssysteme

Die Sinneseindrücke, die vom Baby aufgenommen werden, können auf der Basis zweier weiterer Wahrnehmungssysteme – dem Gleichgewichtssinn und der Eigenwahrnehmung – geordnet werden. Zu den Wahrnehmungssystemen zählen die an die einzelnen Sinnesorgane angeschlossenen Nervenbahnen zum Gehirn und die entsprechenden Regionen dort, wo die Informationen der Sinnesorgane verarbeitet, verglichen und bewertet werden. Wenn nötig, werden Reaktionen in Gang gesetzt. Erst diese Systeme ermöglichen die Entwicklung zur aufrechten Haltung und zur Orientierung im Raum. Der Gleichgewichtssinn ist gleichsam Motor und Koordinator der Sinne und gewährleistet, dass das Kind sich im Wirrwarr unbekannter Eindrücke orientieren kann. Denn was das Kind sieht oder hört, wird sogleich in Beziehung zu der räumlichen Körpererfahrung gesetzt, indem es z. B. den Kopf zu dem Reiz hinwendet. Die Wahrnehmung der Schwerkraft entwickelt sich bereits im Mutterleib, und im gesamten ersten Lebensjahr gibt der Kampf ums Gleichgewicht wichtige Entwicklungsimpulse: bei der Kopfkontrolle, beim freien Sitzen, Krabbeln und schließlich Hochziehen und Laufen. Die Eigenwahrnehmung bedeutet, dass das Baby sein Ich vor allem über seine Muskeln, Sehnen und Gelenke wahrnimmt. Hieraus entnimmt es die Information, ob es z. B. flach auf dem Rücken oder an die Mutter geschmiegt liegt. Gemeinsam mit den Erfahrungen über den Tastsinn bildet dieses Fühlen die wesentliche Wahrnehmungsbasis des Babys.

Die Einheit des Fühlens

Das junge Baby nimmt über alle Sinnesorgane Eindrücke auf und reagiert bereits darauf. Allerdings kann es noch nicht „bewusst“ zwischen den einzelnen Informationen unterscheiden. Es versteht die einzelnen Eindrücke nicht unabhängig voneinander, sondern erlebt sie als Ganzes: Riechen – sehen – hören – fühlen – schmecken ist ein einziges Gefühl. Es schwimmt gleichsam in seinen Eindrücken und fühlt sich eins mit ihnen.

Die sensorische Integration

Das Zusammenspiel der Sinne bezeichnet man nach Jean A. Ayres als „sensorische Integration“; man versteht darunter das „Ordnen der Empfindungen, um sie gebrauchen zu können“. All die Informationen, die über die Sinne aufgenommen werden, fließen über Nervenbahnen ins Gehirn. Dadurch wird das Gehirn neurologisch strukturiert: „Spuren“ bilden sich. Durch wiederholte Erfahrungen werden diese Strukturen stabilisiert: Erinnerungen und damit gezielte Reaktionen werden möglich. Das Gehirn kann nun die eingehenden Informationen der verschiedenen Sinne lokalisieren, sortieren und ordnen und daraus Lernprozesse und Verhaltensweisen formen.

Die sensorische Integration bringt alle Sinneseindrücke zu einem Ganzen zusammen.

Max, acht Monate alt, bekommt einen Keks. Er hält ihn, betastet ihn, fühlt die etwas raue Oberfläche, dreht ihn, spürt ihn in den Fingerspitzen und der Handfläche, erfährt, dass er bei fester Bewegung zerbrechen kann, betrachtet ihn von allen Seiten, riecht sein süßes Aroma. Schließlich führt er ihn zum Mund, saugt daran, spürt, wie er weich wird und sich im Mund zu einem süßen Brei auflöst. Welch vielfältige Erfahrungen – und eine Integration der Sinne!

Alle Sinneseindrücke, die Max von seinem Keks erhält, und alle Wahrnehmungen über Finger, Hände und Mund werden im Gehirn zusammengesetzt (integriert) und bilden das Wissen um das „Ding Keks"; gleichzeitig übt Max die Koordination der Hände.
Die Fähigkeit der sensorischen Integration liegt jeder koordinierten Bewegung zugrunde. Diese Fähigkeit hat aber auch weit reichende Auswirkungen auf das spätere Lernvermögen bis hin zu schulischen Leistungen. Jedem schulischen Lernen liegt die Fähigkeit zugrunde, verschiedenste Informationen ordnend verarbeiten zu können. So kann eine Rechenschwäche z. B. mit der mangelnden Fähigkeit, sich im Raum orientieren zu können, verbunden sein.
Die Integration der Sinne vollzieht sich vom Zeitpunkt der Geburt an – ja sogar schon im Mutterleib. Das vielfältige Spielen und Erforschen – schon und gerade im ersten Lebensjahr – fördert diesen Prozess, da das Kind die Eindrücke über die Sinnesorgane mit den Empfindungen seines Körpers und der Schwerkraft verbindet und koordiniert und dabei zielgerichtet handeln lernt.

Sensible Phasen

Nun könnte man meinen, es komme für eine optimale Entwicklung des Kindes vor allem darauf an, es beständig mit möglichst vielen Informationen zu „füttern". Doch das ist verkehrt. Ein Überangebot führt nur zur Überreizung oder zum Abschalten des Kindes. Ein Baby – und auch schon das Ungeborene – verfügt über eine Fähigkeit zur Selbstregulation, d. h. es weiß selbst, welche Reize zu welchem Zeitpunkt förderlich sind. Das Kind ist also, wie es die berühmte Pädagogin Maria Montessori beschrieb, nicht passiv und nimmt nicht einfach nur alles auf, sondern es verfügt über eine „innere Empfänglichkeit" für bestimme Reize in bestimmten Phasen, die gerade zu dieser Zeit für seine Entwicklung besonders wichtig sind. Man spricht in diesem Zusammenhang von „sensiblen Phasen". In dieser Zeit ist genau diese Stimulation für die komplexe Ausbildung der Gehirnstrukturen von höchster Bedeutung. Bleiben bestimmte Erfahrungen in diesen Phasen aus, so ist die Entwicklung nachhaltig beeinträchtigt. Manche dieser Erfahrungen können zwar zu einem späteren Zeitpunkt nachgeholt werden, doch kostet dies zusätzliche Kraft, und in manchen Fällen kann sich eine Fähigkeit später nur noch unzulänglich oder gar nicht mehr ausbilden, wie z. B. das stereotype Sehen (siehe Seite 29).

Wie entwickelt sich das Denken?

Mit jedem Sinnesreiz entwickelt sich das Gehirn des Babys.

Bei der Geburt ist das Gehirn eines Kindes sozusagen im Rohbau fertig – 100 Milliarden Gehirnzellen stehen bereit. Es ist ein enorm aufnahmebereiter, anpassungsfähiger Lernapparat, dessen Strukturen vor allem in den ersten Lebensjahren angelegt werden – als Grundausstattung für das ganze Leben.
Im Laufe des ersten Lebensjahres verdoppelt das Gehirn sein Gewicht und zwar nicht durch eine Zunahme der Gehirnzellen, sondern durch neue Verknüpfungen, auch Verschaltungen oder Synapsen genannt, zwischen ihnen. Diese Synapsen bilden sich durch Anregungen von außen: über den Kontakt mit Seh-, Fühl- und Hörreizen, Berührungen, Geschmacks- und Geruchsreizen. Jeder Sinnesreiz gelangt über das Nervensystem zum Gehirn des Babys und löst dort einen Sturm chemischer und elektrischer Impulse aus: Die Gehirnzellen werden in einen Erregungszustand versetzt und schütten bestimmte Botenstoffe aus, die Neurotransmitter, die die Verknüpfung neuer Nervenverbindungen ermöglichen und bereits bestehende Verbindungen festigen. Auf diese Weise wird das Gehirn von den Sinneseindrücken geformt und strukturiert und bildet je nach den individuellen Erfahrungen bereits sein ganz eigenes Muster aus. Die Gehirnentwicklung verläuft damit in starker Abhängigkeit von der natürlichen, sozialen und kulturellen Umwelt, wie sie zunächst über die Sinne wahrgenommen und einige Zeit später motorisch erkundet wird.
Infolge der Unmenge der Wahrnehmungen und Erfahrungen nimmt die Zahl der Synapsen in den ersten drei Lebensjahren rasant zu. Mit zwei Jahren entspricht die Menge der Synapsen derjenigen von Erwachsenen; mit drei Jahren hat ein Kind mit 200 Billionen Synapsen bereits doppelt so viele. Außerdem enthalten die Gehirne von (Klein-) Kindern größere Mengen von Neurotransmittern. Die Überproduktion von

Synapsen in den ersten wenigen Lebensjahren ermöglicht das schnelle Erlernen ganz unterschiedlicher Verhaltensweisen, Sprachen usw.
Im Laufe der weiteren Gehirnentwicklung werden dann die für die Lebenswelt des Kindes nicht bedeutsamen Synapsen abgebaut und die benötigten Bahnen zwischen Neuronen intensiviert.
Damit bleibt festzuhalten: Das Gehirn ist bis zu einem gewissen Grad genetisch programmiert. Durch vielfältige Umweltreize lässt sich seine Struktur jedoch in entscheidender Weise fördern. Erst im engen Wechselspiel mit der Umwelt entfaltet das Gehirn so seine volle Leistungsfähigkeit.

Denken lernen ist ein komplexer Prozess, der sich immer in Verbindung und im Austausch mit der Umwelt und auf der Basis liebevoller Angenommenheit durch die Eltern vollzieht.

Erinnern und Lernen

Das Gedächtnis arbeitet von Anfang an.

Lernprozesse finden statt, sobald wiederholte Erfahrungen bestimmte Hirnbahnen verfestigt haben. Das Kind kann sich dann an diese Erfahrungen erinnern und sie in Zusammenhang mit neuen einsetzen. Ein Anpassungsprozess findet statt. Dieses Aufbauen auf Erfahrungen und das Übertragen in andere Zusammenhänge ist die Basis jedes Lernens im späteren Leben.
In diesem Zusammenhang wird verständlich, warum Babys und Kinder es lieben, immer wieder das gleiche Spiel zu spielen – „Guck-guck“ ohne Unterlass oder später immer dasselbe Rollenspiel: Das Vollziehen der immer gleichen Handlungen geschieht nicht aus „Dummheit“ oder „Begriffsstutzigkeit“, sondern prägt Strukturen aus und übt bestimmte Erinnerungsprozesse.

Biologische Reifung

Neben den Lernprozessen, die sich auf der Basis des Erinnerungsvermögens vollziehen, erfährt das Gehirn aber auch eine biologische Reifung, die verschiedene, zunehmend höher entwickelte kognitive Fähigkeiten und Verhaltensweisen mit sich bringt. So ist z. B. das Verständnis für die Existenz von Gegenständen, die so genannte Objektpermanenz, nicht das Ergebnis eines allmählichen Lernprozesses, sondern ist plötzlich da: Ein fünf Monate altes Baby wird kaum nach einem Spielzeug greifen, wenn man dieses versteckt. Es weiß nicht, dass es noch da ist.

Ein acht Monate altes Kind dagegen weiß, dass dieses Spielzeug noch da ist, auch wenn man es unter einer Decke versteckt hat und es nicht sehen kann. Es wird nach ihm greifen wollen.
Ähnlich verhält es sich mit den ersten Lautäußerungen – auch sie sind Folge einer biologischen Entwicklung des Gehirns.

Die seelische Entwicklung

Liebe und Verlässlichkeit sind Nahrung für die Seele des Babys.

Die seelische Entwicklung des Kindes vollzieht sich auf der Basis des liebevollen Angenommen-Seins durch die Eltern. Vom Zeitpunkt der Geburt an bilden sich die Eltern-Kind-Beziehung und damit zusammenhängend das Urvertrauen heraus (siehe Seite 22), ohne das eine gelungene Entwicklung nicht möglich ist. Liebe, Verlässlichkeit, Zuwendung, Befriedigung der Bedürfnisse sind das Fundament der seelischen Entwicklung. Ist diese stabile Basis gewährleistet, wird das Kind später in der Lage sein, selbst tiefe Beziehungen zu anderen Menschen einzugehen, Selbstwertgefühl zu entwickeln und ein erfülltes Leben zu führen.
Für diese grundlegende Sicherheit ist das Vorhandensein zuverlässiger Bezugspersonen von oberster Bedeutung, die sensibel auf die Bedürfnisse des Babys eingehen und ihm Halt und Geborgenheit geben.
Unerlässlich für eine gesunde seelische Entwicklung ist auch, dass von klein auf die Persönlichkeit des Babys respektiert wird, d. h. dass das Baby als einzigartiges Wesen anerkannt und in seinen ureigenen Anlagen erkannt und unterstützt wird. Die Seele eines Kindes nimmt mit Sicherheit Schaden, wenn Eltern versuchen, ein Kind nach ihren eigenen Vorstellungen zu formen. Auch die natürlichen Empfindungen des Babys wie Widerwillen, Zurückhaltung gegenüber Fremden, müssen geachtet werden.
Für das ganze erste Lebensjahr – wie auch die gesamte Kindheit hindurch – gilt: Wird das Baby von liebevollen Bezugspersonen in seinem ganz individuellen Wesen erkannt und geachtet, werden seine sich verändernden Bedürfnisse befriedigt und wächst es in einer anregenden Umgebung heran, ohne über- oder unterfordert zu werden, wird seine Seele gedeihen.

Entwicklungstabellen

Entwicklungstabellen sind wichtig und informativ – doch mit Vorsicht zu genießen!

„Entwickelt sich unser Kind normal?", diese besorgte Frage steht bei Eltern an oberster Stelle. Und da man die „normale" Entwicklung am besten an Tabellen und Entwicklungskurven ablesen kann, erfreuen diese sich großer Beliebtheit – und führen nicht selten zu Verunsicherung. Denn die „normale" Entwicklung ist eine statistische Größe – aber kein Baby entwickelt sich in allen Bereichen genau entsprechend dieser Norm. Babys zeigen vielmehr beim Erreichen bestimmter Entwicklungsschritte eine sehr große Variationsbreite. Manche Babys lassen sich viel Zeit, andere machen in ihrer Entwicklung Umwege und wieder andere sogar Rückschritte. Aus diesem Grund sollten sich die Eltern vor dem direkten Vergleich ihres Babys mit anderen Babys hüten! Denn jedes Baby entwickelt sich gemäß seinem eigenen Tempo.

Eine große Variationsbreite

Natürlich ist es wichtig, zu erkennen, ob ein Baby verschiedene Einzelfähigkeiten, wie sie in Entwicklungstabellen abgefragt werden, altersgemäß ausbildet. Doch es besteht ein breiter Variationsspielraum. Außerdem kann ein Kind in dem einen Bereich weit voraus sein, in einem anderen aber der „normalen" Kurve hinterherhinken.

Viele Faktoren spielen eine Rolle

Jedes Kind entwickelt sich anders – daran sollten Eltern immer denken.

Die Entwicklungsgeschwindigkeit eines Kindes wird von mehreren Faktoren bestimmt:

- von seiner Veranlagung, also den Genen,
- von der Umwelt, den Anregungen und Freiräumen,
- von der Zuwendung der Eltern,
- von seinem inneren Drang, zu lernen und zu forschen.

Berücksichtigen Sie als Eltern diese Aspekte, wenn Sie die Entwicklungsschritte Ihres Babys betrachten. Fragen Sie sich auch einmal, in welchem Tempo Sie sich selbst entwickelt haben. Galten Mutter und Vater als Frühstarter oder Spätzünder? Gut möglich, dass Ihr Baby in dieser Hinsicht einiges von Ihnen geerbt hat!

Und noch eines ist klar: Ein Baby, das seine Tage ausschließlich im Laufstall oder Bettchen verbringt, hat in der Regel keine sehr förderliche Umwelt. Da gibt es wenig, auf das man neugierig werden kann und das man erforschen will. Dies trägt nicht dazu bei, dass es seine Entwicklung forsch vorantreibt.

Meilensteine und Grenzsteine

Oft wird die Entwicklung des Kindes vom Kinderarzt/der Kinderärztin auch nach dem Meilensteinkonzept beurteilt. Dies bedeutet, dass das Kind – in einem weiteren zeitlichen Rahmen – bestimmte Fähigkeiten erwerben muss, auf denen wiederum seine weitere Entwicklung aufbaut. Das Meilensteinkonzept bezieht sich auf weniger Fähigkeiten als die üblichen Entwicklungstabellen und lässt einen breiteren zeitlichen Rahmen. Man weiß heute, dass bestimmte Meilensteine auch übersprungen werden können, wie z. B. das Krabbeln, ohne dass zwangsläufig eine Störung der Entwicklung vorliegt.

Die Überprüfung der kindlichen Entwicklung dient dazu, Entwicklungsauffälligkeiten frühzeitig zu erkennen.

An die Vorstellung der Meilensteine gekoppelt ist der Begriff der „Grenzsteine“. Sie bezeichnen das oberste Limit innerhalb des Zeitraums, in dem ein Meilenstein erreicht werden sollte. Ist dies nicht der Fall, so sollte nach der Ursache dieser Verzögerung gesucht werden, damit eventuell erforderliche Behandlungsschritte eingeleitet werden können.

> Entwicklungsskalen sollen Eltern helfen, die allgemeine Entwicklung ihres Kindes einschätzen zu können, damit sie sich bei möglichen Verzögerungen an einen Kinderarzt wenden können. Sie sind kein „Leistungsnachweis“ in dem Sinne, dass laufend einzelne Fähigkeiten „abgehakt“ werden, um den Eltern zu beweisen, was ihr Kind schon kann.

Grenzsteine der Entwicklung

Grenzsteine der Körpermotorik

1. Monat: In schwebender Bauchlage kann für einige Sekunden der Kopf in der Rumpfebene gehalten werden.

2. Monat: Sicheres Kopfheben in Bauchlage, Abstützen auf die Unterarme.

6. Monat: Beim langsamen Hochziehen zum Sitzen werden die Arme angebeugt, der Kopf wird in der Rumpfebene gehalten.

9. Monat: Sicheres, zeitlich nicht beschränktes, freies Sitzen mit geradem Rücken und guter Kopfkontrolle.
12. Monat: Stehen gelingt sicher und zeitlich wenig eingeschränkt, mit Festhalten an Möbeln oder Wänden.

Grenzsteine der Handmotorik

1. Monat: Greifreflex
2. Monat: Hände und Finger werden über der Körpermittellinie zusammengebracht.
6. Monat: Gegenstände und Spielzeug werden von einer Hand in die andere gewechselt. Greifen mit der ganzen Hand.
9. Monat: Gegenstände werden in einer oder in beiden Händen gehalten und durch Tasten intensiv erforscht.
12. Monat: Pinzettengriff mit Daumen und Zeigefinger.

Grenzsteine der kognitiven Entwicklung

3. Monat: Ein langsam vor den Augen hin- und herbewegtes, attraktives Objekt wird mit den Augen verfolgt.
6. Monat: Objekte werden von einer Hand in die andere gewechselt und in den Mund gesteckt. Aktivitäten in der nächsten Umgebung werden aufmerksam verfolgt.
9. Monat: Intensive Erforschung von Gegenständen mit Händen, Augen, Mund.
12. Monat: Objekte, vor den Augen des Kindes versteckt, werden gefunden.

Grenzsteine des expressiven Spracherwerbs

1. Monat: Differenziertes, gerichtetes Schreien (Hunger, Unbehagen, Schmerz).
6. Monat: Spontanes, variationsreiches Vokalisieren, für sich allein, aber auch auf Ansprache, „Dialog".
9. Monat: Spontanes Vokalisieren mit längeren Silbenreihungen mit dem Vokal a (wa-wa-wa-wa, ra-ra-ra-ra).
12. Monat: Silbenverdoppelung vorwiegend mit dem Vokal a (mama, papa, dada).

Grenzsteine der sozialen Kompetenz

3. Monat: Anhaltender Blickkontakt. Versuch, durch aktive Drehung des Kopfes oder Änderung der Körperlage Blickkontakt zu halten. Lächeln auf bekannte und fremde Gesichter.

6. Monat: Dem Kind zugewandtes Ansprechen, Berührungen und spielerischer, rascher Lagewechsel lösen vergnügliche Reaktionen aus. Freude an nichtsprachlicher und sprachlicher positiver Kommunikation.

9. Monat: Sicheres Unterscheiden bekannter und fremder Personen (Fremdeln).

12. Monat: Das Kind ist fähig, selbst soziale Interaktionen zu initiieren, fortzusetzen, zu variieren und zu beenden.

(Nach: R. Michaelis und G. Haas: Meilensteine der frühkindlichen Entwicklung – Entscheidungshilfen für die Praxis. In: Praktische Entwicklungsneurologie. München 1994, Seite 93 ff.)

(Anmerkung: Die Grenzsteine der Entwicklung von R. Michaelis bilden auch heute noch die Grundlage für Entwicklungsfragebögen für Eltern z.B. im Rahmen der Vorsorgeuntersuchungen.
Zur Festlegung der Grenzsteine: Für jedes Alter wurde ein Grenzwert gebildet, bis zu dem die Entwicklung wahrscheinlich altersgemäß ist. Dieser Wert entspricht der Anzahl der Grenzsteine, die von mindestens 90% der Kinder aus der Normalpopulation erreicht werden. Wird dieser Grenzwert nicht erreicht, so kann dies ein Hinweis auf eine Entwicklungsverzögerung sein und sollte weiter abgeklärt werden.)

Entwicklungsstörungen

Jedes Baby entwickelt sich entsprechend seinem eigenen Tempo und doch gemäß einer bestimmten Entwicklungslinie. Werden die oben angeführten Grenzsteine im vorgegebenen Alter nicht erreicht, sollte und wird der Kinderarzt/die Kinderärztin weiter gehende Untersuchungen vornehmen. Denn wenn tatsächlich eine organische bzw. neurologische Störung vorliegt, ist eine entsprechende Frühförderung unerlässlich.
Sehr wichtig für das Erkennen möglicher Verzögerungen oder Beeinträchtigungen sind auch die regelmäßigen Vorsorgeuntersuchungen, die im Interesse des Kindes unbedingt wahrgenommen werden sollten.

Bei den Vorsorgeuntersuchungen wird der Entwicklungsstand des Kindes eingehend überprüft.

Vorsorgeuntersuchungen im 1. Lebensjahr

U1	unmittelbar nach der Geburt
U2	3.–10. Lebenstag
U3	4.–6. Lebenswoche
U4	3.–4. Lebensmonat
U5	6.–7. Lebensmonat
U6	10.–12. Lebensmonat

Als Eltern sind Sie der beste „Beobachter" Ihres Babys. Sobald Sie das Gefühl haben, dass im Verhalten Auffälligkeiten bestehen, wenden Sie sich an den Kinderarzt/die Kinderärztin – lieber einmal zu viel als einmal zu wenig! Denn je früher Entwicklungsauffälligkeiten oder -verzögerungen erkannt werden, desto besser ist es möglich, durch gezielte Therapie auszugleichen und langfristige Folgen möglichst zu verhindern.

Achten Sie in den ersten Monaten speziell auf folgende Merkmale:

- Ist unser Baby dauerhaft unruhig und untröstlich?
- Verhält es sich über einen längeren Zeitraum teilnahmslos?
- Sucht es keinen Kontakt zu seinen Bezugspersonen?
- Reagiert es nicht auf Geräusche?
- Fixiert es auch nach dem dritten Lebensmonat keine Gegenstände?

Besonders intensiv beobachten werden müssen so genannte Risikokinder, d. h. Babys, bei denen bei der Geburt Probleme festgestellt wurden oder aufgetreten sind, wie Frühgeborene oder Babys mit Geburtsschäden (z. B. bei Sauerstoffmangel).

Die Frühförderung

Werden bei einem Kind tatsächlich Entwicklungsverzögerungen bzw. neurologische Schädigungen oder Hirnfunktionsstörungen festgestellt, so ist eine Frühförderung unerlässlich. Zu den möglichen Therapeuten zählen Physiotherapeuten/innen, Heilpädagogen/innen, Ergotherapeuten/innen, bei älteren Kindern auch Psychologen/innen, Sozialpädagogen/innen und Logopäden/innen.

Eine Frühförderung kann in folgenden Bereichen erfolgen:

- grob- und feinmotorische Entwicklung
- Wahrnehmungs- und Sinnesförderung
- emotionale und soziale Kompetenz

- kognitive Förderung
- Sprachförderung.

Die Frühförderung wird in der Regel vom Kinderarzt/der Kinderärztin veranlasst. Die Kosten der Behandlung übernimmt die Krankenkasse bzw. das Sozialamt.

Was Ihr Baby im ersten Lebensjahr braucht

Das erste Lebensjahr ist eine entscheidende Zeit im Leben. Optimale Startbedingungen hat Ihr Kind, wenn folgende Voraussetzungen gegeben sind:

- Die Bedürfnisse des Babys werden zuverlässig befriedigt. Es ist körperlich gut versorgt.
- Das Baby ist sich der Liebe und Zuwendung der Eltern sicher. Es hat Urvertrauen entwickelt.
- Eine wohltuende Umgebung schafft gleichzeitig Geborgenheit und bietet genügend Stimulation für Sinne und Geist.
- Der Forschergeist des Kindes und sein Drang nach Selbstständigkeit können sich entfalten; gleichzeitig wird es durch notwendige Grenzen geschützt und lernt, diese einzuhalten.
- Die Eltern erkennen und respektieren das individuelle Entwicklungstempo ihres Babys; sie drängen ihr Baby weder, noch bremsen sie es.

Abends zum Einschlafen lieben viele Kinder die Melodie einer Spieluhr. Noch besser: Singen Sie Ihrem Baby abends ein Schlaflied. Zum Beispiel dieses:

Schlaf, Kindchen, schlaf.
Die Mutter hütet die Schaf.
Der Vater schüttelt's Bäumelein,
da fällt herab ein Träumelein.
Schlaf, Kindchen, schlaf.

Unterstützen und begleiten – nicht überfordern

Das Kind treibt seine Entwicklung selbst voran. Das entlastet die Eltern von dem Druck, ihm ein optimales „Entwicklungsprogramm“ bieten zu müssen. Ihre Aufgabe besteht darin, sensibel auf Ihr Kind einzugehen und ihm die Angebote zu machen, für die es „reif“ ist. Zeit und Zuwendung sind der wichtigste Garant für eine optimale geistige, seelische und körperliche Entwicklung.

Wie Babys lernen

Liebe und Zeit für das Kind sind der Schlüssel für eine rundum gedeihliche Entwicklung.

In den 1960-er Jahren war man der Meinung, man müsse nur früh genug mit intellektueller Förderung beginnen, dann entwickle sich aus dem Baby ein „Superkind". Schon im Mutterleib wurden Ungeborene daraufhin mit Lernprogrammen beschallt, und nach der Geburt ging es so weiter. Heute weiß man: So etwas bringt keine intelligenteren Kinder hervor, sondern führt nur zu späteren Leistungs- und Versagensängsten. Dennoch sind diese Diskussionen auch heute wieder sehr aktuell, man denke nur an die „Tigermütter", die wie im umstrittenen Buch der chinesischstämmigen amerikanischen Professorin Amy Chua ihre Kinder von klein an mit Drill, Disziplin und Einpauken zu Höchstleistungen führen wollen („Battle Hymn of the Tiger Mother", auf deutsch: Die Mutter des Erfolgs. Wie ich meinen Kinder das Siegen beibrachte, 2011). Fantasie und Kreativität haben dabei keinen Raum, und Pädagogen warnen, dass dieses „Tigermutter-Erziehungskonzept" zu späterem Widerwillen gegen das Lernen und, schlimmer noch, zu Lebensuntauglichkeit führe.

Dagegen haben jahrlange Erfahrungen mit „Superkids" und Jahrzehnte intensiver Forschung gezeigt: Am besten entwickelt sich ein Kind in der anregenden Atmosphäre einer normalen, intakten Familie – die strukturell durchaus verschieden sein kann. Der Kopf eines Babys bleibt keineswegs leer, wenn er nicht gezielt mit Informationen in Form von Trainingsprogrammen gefüttert wird. Das Baby lernt selbst, in der ständigen Auseinandersetzung mit seiner Umwelt. Seine angeborene Neugierde und sein Forschergeist sind der Motor seiner geistigen Entwicklung. Wer sein Kind also kognitiv fördern möchte, braucht im Grunde nur dieses spontane Lernen zu unterstützen. Gerade im ersten Lebensjahr bedeutet dies, instinktiv auf die Bedürfnisse des Babys einzugehen und es liebevoll in seine Umwelt einzuführen. Ganz automatisch reden Eltern z. B. mit ihrem Baby in einer einfachen, deutlichen und langsamen Sprache (Ammensprache), sie verwenden eine klare Mimik und halten Körperkontakt.

Das Lernen geschieht im ersten Lebensjahr unbewusst und erfolgt über alle Sinne, denn alles Tun ist Lernen.

Durch eine einfache Maßnahme können die Eltern dennoch die geistige Entwicklung ihres Kindes entscheidend unterstützen: Zeit und Zuwendung der Eltern sind eine sehr gute Basis für die sprachliche und intellektuelle Entwicklung des Kindes. Eltern, die viel Zeit mit ihrem Baby verbringen, kennen es genauer und gehen daher flexibler und differenzierter auf seine Interessen ein.

Nachahmung

Eine wichtige Form des Lernens in den ersten Lebensjahren ist die Nachahmung. Schon das kleine Baby imitiert Mimik und bald auch Laute der Bezugspersonen. Auch beim Spracherwerb spielt die Nachahmung eine wichtige – wenn auch nicht die einzige – Rolle. Und das Kind erlernt durch Imitation die Gesten und Ausdrucksmittel zwischenmenschlicher Kommunikation. Auch die Verrichtungen des Alltags sowie den Umgang mit den Gegenständen erwirbt das Kind durch Nachahmung, z.B. den Umgang mit dem Löffel.
Für diese Form des Lernens ist es natürlich unerlässlich, dass das Baby am Alltag der Familie teilnehmen kann und ihm zunehmend Freiräume fürs eigene Tun und Ausprobieren gelassen werden – auch wenn der Brei mal danebengeht.

Auch durch Nachahmung erwirbt das Kind allmählich die Fähigkeiten Erwachsener.

Die Rolle des Spiels

Spielen bedeutet in den ersten Lebensjahren: zunächst sich selbst, den eigenen Körper erkunden, dann die Welt erforschen, erfahren, wie sich etwas anfühlt, ob sich ein Gegenstand bewegen lässt, ob er Geräusche macht, ob er schwer ist oder leicht ...
Das Kind lernt, dass man einen Behälter mit Klötzen füllen und diese durch Umkippen wieder ausschütten kann; es lernt, dass Dinge – unterschiedliche – Geräusche machen, wenn man darauf klopft usw.
Über diese Auseinandersetzung mit der Umwelt erfährt das Kind die physikalischen und materiellen Grundsätze unserer Welt. Das Kind begreift die Welt also nicht über Erklärungen der Eltern, sondern über eigene Erfahrungen, die es im spielerischen Tun macht. Deshalb ist es so wichtig, dass dieses den Eltern manchmal eher unverständliche, sich auch häufig wiederholende Tun nicht eingeengt, sondern gefördert wird.
Darüber hinaus kann das Kind durch bestimmte Spiele und Spielsituationen zu neuen Erfahrungen hingeführt werden. Dabei stehen in den ersten Monaten die Kommunikation zwischen Eltern und Kind sowie zärtlicher Köperkontakt, z.B. bei der Babymassage, im Vordergrund. Auch vielfältige Sinneserfahrungen, z.B. über das Fühlen verschiedener

Spielen ist Lernen.

Materialien, werden spielerisch vermittelt. Von den ersten Lebenstagen an fördern Lieder und Singspiele die sprachliche Entwicklung.
Für jede Spielsituation gilt: Erst wenn das Baby die für das jeweilige Spiel erforderliche Reife erreicht hat, wird es ihm Spaß machen und es wird davon profitieren. So machen z. B. Greifspiele in den ersten Monaten, in denen das Baby noch nicht über einen Greifreflex verfügt, keinen Sinn.

Wie viel Spielzeug braucht ein Baby?

Nicht teures Spielzeug, sondern babygerechte Alltagsmaterialien ermöglichen die vielfältigsten Erfahrungen.

Schon zur Geburt wird das Baby von Freunden und Verwandten der Eltern mit Spielsachen überhäuft: Kuscheltiere, Rasseln, Mobiles und erste Babybücher. Und nicht selten ähnelt ein Kinderzimmer nach dem ersten Geburtstag des Kindes einem Spielwarengeschäft. Höchst erstaunt sind die Eltern dann, dass sich das Kind mit keinem dieser wunderbaren Dinge länger beschäftigt, sondern jedes Teil nach kurzem Anschauen wieder aus der Hand fallen lässt. Dabei ist es eindeutig: Das kleine Kind ist angesichts eines solchen Angebots völlig überfordert; infolge der ständigen Ablenkung durch anderes wird die intensive Beschäftigung mit einem interessanten Spielzeug verhindert.
Für Spielzeug gilt deshalb: Weniger ist mehr! Und keineswegs muss es teures, detailgerechtes Spielzeug sein. Denn für ein Baby ist alles, was es in die Finger – oder den Mund – bekommt, Spielzeug. Deshalb bietet eine anregende und dabei kindersichere Umgebung dem Baby das beste Spielzeug. Selbstverständlich kann gutes Spielzeug Kreativität und Forscherdrang zusätzlich beflügeln. Am besten ist es, im Haushalt vorhandene, geeignete Materialien durch einzelnes, sinnvolles Spielzeug zu ergänzen. So braucht das Baby in den ersten Monaten vor allem akustische und optische Reize. Hier kann z.B. neben einem Foto des Gesichts der Mutter im Babybettchen ein Mobile über dem Bett zusätzliche Anregung bieten oder eine Spieluhr die zärtliche Unterhaltung der Eltern mit ihrem Kind ergänzen.

Berücksichtigen Sie bei der Auswahl der Spielmaterialien – ob Alltagsgegenstände oder Spielzeug – folgende Grundsätze:

- Ein Baby braucht Dinge, die alle Sinne anregen. Machen Sie Ihr Baby daher mit verschiedenen Farben, Texturen, Formen und Geräuschen bekannt, z. B. mit Materialien aus dem Haushalt wie verschiedenen Stoffen, Federn, Fell, Holz, mit Reis, Bohnen oder Murmeln gefüllte Säckchen oder Plastikbehälter usw.

- Das Material sollte vielseitig verwendbar sein.
- Die Gegenstände sollten gut greifbar sein und dürfen keine Kleinteile haben, die das Baby verschlucken könnte.
- Einfache plastische Formen und klare Grundfarben sprechen das Baby am meisten an.
- Sämtliche Spielsachen sollten altersgerecht sein und dürfen das Baby nicht überfordern.
- Sicherheit ist oberstes Gebot: keine scharfen Ecken und Kanten, keine schweren Dinge, auf speichelfeste Farben und Lacke achten.

Ein Baby braucht Dinge, die seinem Forscher- und Erfindergeist entgegenkommen. Das können Haushaltsgegenstände genauso sein wie – einfache – Spielsachen. Und schön ist es, wenn Sie als Eltern immer wieder an diesen „Spielen" Ihres Kindes teilhaben, es aber auch in Ruhe selbermachen lassen.

Ein Tablet fürs Baby?

Eine neue amerikanische Studie ergab, dass in den USA 38 Prozent der Babys ein Tablet oder Smartphone nutzen, noch bevor sie sprechen können. Videos oder erste Baby-Spiele werden über spezielle Apps schon für die Kleinsten angeboten. Nun soll in den USA ein Tablet speziell für die Null- bis Dreijährigen auf den Markt kommen. Ob das sinnvoll ist? Sicher nicht! In den ersten drei Lebensjahren (mindestens) wachsen Kinder am besten ohne Computer, Tablet und Fernsehgerät auf. Kinderpsychologen warnen jedenfalls vor einem solchen frühzeitigen Einstieg in die Computerwelt, da die Kleinsten erst einmal vor der Aufgabe stehen, sich selbst und ihre Umwelt zu entdecken – und zwar mit allen Sinnen. Ein digitales Gerät ermöglicht keine vielfältigen Sinneserfahrungen.

Wie viel Anregung braucht ein Baby?

Ein zu volles, starres Tagesprogramm überfordert jedes Baby.

Morgens Babyschwimmen, danach Arzttermin, mittags Krabbelgruppe, Spielstunde mit Mama und danach Babymassage – Emily, sieben Monate, hat ein volles Programm! Ihre Mutter Sabrina stöhnt zwar manchmal, macht all dies aber in der besten Absicht: Sie will ihr Kind anregen und ihm möglichst viel bieten. Sie wundert sich zwar, dass Emily häufig quengelt und schlecht zur Ruhe findet – aber ist sie eben nicht einfach besonders aufgeweckt?

Nein, gut möglich, dass Emily überfordert ist. In ihrem Bemühen, ihre Tochter von klein auf optimal zu fördern, hat Sabrina die ureigenen Bedürfnisse ihrer Tochter aus dem Blick verloren: Muße und das Recht auf einen selbstbestimmten Tagesablauf. Deshalb ist es wichtig, nicht von den ersten Monaten an ein festes Programm „durchzuziehen", sondern sich erst einmal in Ruhe auf das Kind einzustellen und es kennen zu lernen: Wann will es getragen werden, wann will es Ruhe haben, wann ist es wach und unternehmungslustig? So erkennen Eltern, dass ihr Baby selbst die Reize fordert, die für seine Entwicklung nötig sind – und zwar dann, wenn es aufnahmebereit ist. Wenn dieser Dialog zwischen Eltern und Kind funktioniert, besteht auch nicht die Gefahr, dass es zu wenige Anregungen erhält. Einfühlsame Eltern achten auf die Impulse und die Initiative ihres Babys und reagieren darauf. Damit bieten sie ihm genau die Anregungen, die es zu diesem Zeitpunkt braucht. Sie folgen den Aufforderungen des Kindes.

Unterbrechen Sie Ihr Kind nicht, wenn es sich selbst beschäftigt – freuen Sie sich darüber.

In den ersten Wochen kann sich ein Baby nur wenige Minuten konzentrieren – und in dieser Zeit baut es vor allem den Kontakt zu den Eltern auf. Wichtig ist also, dass Sie als Eltern jederzeit für es da sind. Ab dem vierten Monat ist das Baby wesentlich aufnahmebereiter und kann sich schon kurze Zeit allein beschäftigen. Dabei bitte nicht stören! Im zweiten Lebenshalbjahr wendet es sich immer wieder bereits eine Viertelstunde einer Sache zu. Bitte respektieren und unterstützen Sie dieses Selbertun. Keinesfalls sollte man das Baby aus solch einer Phase herausreißen, in der Absicht, ihm etwas „Besseres" oder „Interessanteres" zu bieten. Wenn das Baby Anregung von außen braucht, es ihm langweilig ist, meldet es sich schon: Es wird unruhig und „ruft" nach den Eltern – dieses typische Schreien werden die Eltern bald richtig deuten. Reagieren Sie dann prompt und bieten ihm eine kleine Anregung, profitiert Ihr Baby in zweierlei Hinsicht: Es erfährt, dass es selbst etwas bewirken kann, indem die Eltern reagieren, und es erhält genau dann eine Anregung, wenn es aufnahmebereit ist.

Genauso zeigt das Baby auch, wann es genug hat: Es dreht sich weg, wendet den Blick ab, sein Körper wird schlaff. Es schottet sich ab. Das Signal an die Eltern ist deutlich: Es reicht mir jetzt, bitte lasst mir meine Ruhe.

Verstehen, was das Baby sagen will

Die beste Förderung besteht darin, die individuellen und momentanen Bedürfnisse des Babys zu erkennen und darauf einzugehen. Denn jedes Baby ist anders. Daher gilt es zum einen, Temperament und Entwicklungstempo des Kindes zu respektieren, und andererseits zu verstehen, was es den Eltern „sagen“ will. Denn das Baby versteht durchaus, seine Bedürfnisse zu äußern; es verfügt über verschiedene wirksame Kommunikationsmittel, die Eltern meist instinktiv verstehen.

Schreien

Ein schreiendes Baby versetzt viele Eltern rasch in Panik. Was fehlt dem Kind? Hat es Hunger oder gar Schmerzen? Ein Baby schreit aus vielerlei Gründen: weil es sich erschreckt, weil ihm kalt ist oder heiß, weil es müde ist und überreizt oder aus Langeweile usw.
Grundsätzlich lassen sich fünf Arten des Schreiens unterscheiden, und die Eltern lernen bald, diese sicher zu erkennen:
Hunger, Schmerz, Unbehagen, Spannung, Langeweile.

Durch Schreien drückt das Baby seine Bedürfnisse aus.

Versuchen Sie zuverlässig und in der richtigen Weise auf das Weinen Ihres Babys zu reagieren. Dem Baby bei jedem Schreien Nahrung anzubieten, ist sicher der falsche Weg. Es gilt genau hinzuschauen:

- Hat das Baby eine volle Windel?
- Ist ihm zu heiß oder kalt?
- Hat es Hunger?
- Plagt es Bauchweh?
- Stört es etwas an seiner Kleidung oder Umgebung?
- Ist es laut?
- Ist ihm langweilig?
- Ist es müde und will seine Ruhe?

Wird in angemessener Weise auf seine Not reagiert, hat das Baby viel gelernt: Es weiß, dass es sich ausdrücken und die richtige Reaktion bewirken kann. Das ist eine sichere Basis für seine weitere kommunikative und emotionale Entwicklung. Denn man weiß heute: Je häufiger ein weinender Säugling ignoriert wird, desto spärlicher sind seine Ausdrucksmöglichkeiten ein Jahr später. Kinder, deren Mütter unverzüglich auf das Schreien eingehen, sprechen später besser und können leichter auf andere Menschen zugehen.

Kann man Babys verwöhnen?

Viele Eltern haben Angst, sie würden ihr Baby „verwöhnen“, wenn sie auf jedes Schreien prompt reagieren. Doch wenn auf das jeweilige Bedürfnis adäquat mit Sensibilität und liebevoller Zuwendung reagiert wird, so erwirbt das Baby Vertrauen und Sicherheit – und das ist die Basis eines glücklichen Babylebens und hat mit Verwöhnen nichts zu tun.

Körpersprache

Pia, sechs Monate, spielt mit einer Rassel. Doch plötzlich dreht sie den Kopf weg und wird quengelig. Der Vater will sie aufheitern, redet mit ihr. Pia quengelt weiter. Da gibt er ihr eine Quietschente – dass muss doch interessant für sie sein! Doch jetzt fängt Pia an zu schreien. Ihr Körper versteift sich. Sie lässt sich nicht mehr beruhigen. Der Vater ist verunsichert: Er wollte Pia doch nur ablenken.

Versuchen Sie zu verstehen, auf welche Weise das Baby körperlich seine inneren Zustände ausdrückt.

Pia hatte eindeutige Signale gesandt: Sie hatte den Kopf abgewandt, kaum noch reagiert und sich schließlich versteift. Ganz klar: Sie wollte keine weiteren Reize, sondern suchte die Ruhe. Ablenkung war hier die falsche Reaktion. Pias Vater hätte seine Tochter in Ruhe lassen sollen. Dann wäre sie wahrscheinlich ohne weitere Probleme eingeschlafen, da ihr Bedürfnis nach Anregung gestillt war.
Die Körpersprache ist für ein Baby ein ebenso wichtiges Kommunikationsmittel wie das Schreien. Das Baby spricht mit dem Gesicht, den Händen und dem ganzen Körper. Wenn Eltern diese Sprache verstehen lernen, können sie sicher sein, zu jedem Zeitpunkt angemessen auf ihr Baby zu reagieren und es optimal in seiner Entwicklung zu unterstützen.

Das Baby ist aufmerksam oder lächelt:
In diesem Zustand ist das Baby hellwach und aufnahmebereit. Die Augen strahlen, das Gesicht ist munter, der ganze Körper in Erwartung. Dies ist die optimale Zeit, sich mit dem Baby zu beschäftigen, mit ihm zu spielen und ihm neue Anregungen zu schenken.

Das Baby wendet sich ab und wird quengelig:
Aus dem aufmerksamen Zustand heraus kann sich das Baby plötzlich abwenden, sein Blick wird glasig, der Körper spannt sich an, die Schultern werden nach oben gezogen: Es braucht eine Ruhepause.

Das Baby gähnt
Auch wenn das Baby *gähnt*, kann dies ein Zeichen für Überforderung sein. Das bedeutet nicht unbedingt, dass es müde ist und schlafen will, vielleicht will es einfach abschalten.

Auch andere Gefühlszustände kann man am Körper des Babys ablesen:

- Wenn es *ängstlich* ist, wird der Blick verhalten, der Körper regungslos. Die Mundwinkel gehen nach unten. Das Baby braucht Hilfe. Reagieren Sie mit Ruhe und wenig Worten, bis sich Ihr Baby an die Situation gewöhnt hat.
- Lebhafte Mimik, muntere Mund- und Körperbewegungen zeigen: Baby ist aufgedreht. Auch hier gilt: Keine neuen Reize und Anregungen bieten, sondern das Baby seinen inneren Zustand erst einmal verarbeiten lassen.
- Geschlossene Augen, ein entspannter, ja lächelnder Gesichtsausdruck: Baby träumt stillvergnügt vor sich hin – bitte nicht stören!
- Weit aufgerissene Augen, ein offener Mund, den Körper zurückgenommen, die Arme an den Körper gepresst: So drückt das Baby Verwirrung oder Erschrecken aus, z.B. durch ein unbekanntes Geräusch. Es beruhigt sich am besten, wenn Sie es in den Arm nehmen und ihm die Störung in leisen, ruhigen Worten erklären.

Die Handzeichen des Babys sind manchmal leichter zu deuten als seine Mimik. Wenn es die Hände zur Faust ballt oder sie abwehrend ausstreckt, so bedeutet dies praktisch ein Stopp-Zeichen.

Auch die Art, wie das Baby an Finger oder Schnuller nuckelt, sagt viel über sein Befinden und damit über seinen Aufmerksamkeitszustand aus. Rhythmus und Intensität des Saugens zeigen, ob das Baby ruhig und zufrieden oder erregt ist oder auch Anregung braucht. So ist langsames, gleichmäßiges Nuckeln eher ein Zeichen für Selbstberuhigung, kurzes, schnelles Saugen dagegen drückt Erregung aus.
Eltern, die auch dieses Kommunikationsmittel deuten können, werden sicherlich wenig Probleme mit ihrem Baby haben und ihm im richtigen Moment die passende Anregung bieten.

Liebe geht durch die Haut

Streicheln drückt nicht nur Liebe aus, sondern fördert auch die Intelligenz des Babys.

Der berühmte Arzt und Geburtshelfer Frédérick Leboyer drückte es in den 1970-er Jahren folgendermaßen aus: „Die Haut des Neugeborenen hat eine Intelligenz, die wir uns nicht vorstellen können“ (Aus: Geburt ohne Gewalt, [15]2011). Und das stimmt: Die Haut ist ein hoch sensibles, bei der Geburt hervorragend entwickeltes Sinnessystem, und jeder Reiz, jede Berührung führt über die Nervenbahnen ins Gehirn, das auf diese Weise strukturiert wird. Berührungen fördern den liebevollen Kontakt zwischen Eltern und Kind, sie vermitteln emotionale Stabilität und unterstützen die Entwicklung des Gehirns. Art und Häufigkeit der Berührung wirken sich auch auf die spätere Persönlichkeitsstruktur des Kindes aus. So sind Menschen aus Familien und Kulturen, in denen Berührung und Umarmung zum Alltag gehören, in der Regel selbstsicher und liebesfähig.

Untersuchungen zeigen, dass Frühgeborene sich viel besser entwickeln, wenn sie regelmäßig Hautkontakt haben, gestreichelt werden und nicht isoliert im Brutkasten liegen.

Neugeborene und kleine Babys kann man zu jeder Zeit streicheln, auch wenn sie bekleidet sind. Schon bald kann auch mit einer sanften Babymassage begonnen werden (siehe Seite 73ff.). In seinen ersten Monaten lernt der kleine Mensch, Muskeln, Gelenke und Bewegungen in Einklang zu bringen. In dieser Zeit trägt die Massage besonders dazu bei, Muskelkoordination und Flexibilität auszubilden sowie physische Fertigkeiten und Aktivitäten aufeinander abzustimmen.

Zärtliche Berührung und Massage

Im ersten Lebensjahr ist der enge, vielschichtige Körperkontakt zwischen Eltern und Kind eine unabdingbare Voraussetzung für eine gesunde Entwicklung – in körperlicher, geistiger und emotionaler Hinsicht.

Bewegen macht klug

Denken und Bewegen sind eng miteinander verbunden. Das Denken entwickelt sich von klein auf durch vielfältige Bewegungs- und Wahrnehmungserfahrungen. Anfangs zufällige Bewegungen werden wiederholt, die Reaktionen bemerkt und abgespeichert und allmählich begriffen. Schließlich ist das Baby in der Lage, gezielt eine Bewegung vorzunehmen, um ein gewünschtes Resultat zu erreichen – eine anspruchsvolle kognitive Leistung. Dann beginnt es, eine bestimmte Bewegung auf andere Situationen zu übertragen und mit ähnlichen Bewegungen zu experimentieren.

Der eigene Körper wird am besten über vielfältige Bewegungen erfahren.

Nur wenn ein Kind von klein auf die Möglichkeit hat, vielfältige Bewegungserfahrungen zu machen und seine Umwelt frei erforschen zu können, kann dieser Prozess ungestört vollzogen werden. Darum kommt es darauf an, schon dem Baby genügend Freiraum für immer neue Erfahrungen zu geben und seine motorischen Fertigkeiten durch spielerisches Turnen zu fördern. Unterstützen Sie daher die Freude Ihres Kindes an Bewegung von den ersten Lebensmonaten an. Bremsen Sie es nicht. Bewegung fördert die kognitive Entwicklung. So hat sich z.B. gezeigt, dass Kinder, die sich später beim Schreiben schwer tun oder eine Rechenschwäche entwickeln, häufiger auch Probleme mit der Grobmotorik haben, weil sie wichtige körperliche Erfahrungen in den ersten Lebensjahren nicht ausreichend vollzogen haben.

> Geben Sie Ihrem Baby von klein auf viel Bewegungsfreiraum. Lassen Sie es nach Herzenslust strampeln, plantschen und patschen. Sobald es krabbeln kann, lassen Sie ihm – in einer sicheren Umgebung – freie Bahn. Turnspiele geben zusätzliche Impulse und machen viel Spaß.

In Sprache baden

Studien belegen, welche Langzeitwirkung es auf die Intelligenz des Kindes hat, wenn Eltern viel mit ihrem Baby reden: Mit drei Jahren und auch wiederum mit neun Jahren schneiden Kinder, die in den ersten Wochen und Monaten ihres Lebens besonders ausgiebig mit Wörtern „gefüttert“ worden waren, in ihrem Sozialverhalten, ihrer Kreativität und ihrem Sprachvermögen besonders gut ab. Auch die sofortige Reaktion schon des Neugeborenen auf die menschliche Stimme beweist, dass das Baby ganz auf Sprache eingestellt ist. Denn Worte überziehen wie ein Lauffeuer das Gehirn und fördern in besonderer Weise die Vernetzung der Gehirnzellen.

Reden ist Gold – das gilt vor allem für den Umgang mit Ihrem Baby.

Doch Sprache ist nicht gleich Sprache. So bleibt es ohne Wirkung, wenn das Baby einfach von einer „Sprachkulisse“ aus Radio oder Fernsehen berieselt wird. Ausschlaggebend ist vielmehr die Art, wie man mit dem Baby spricht: Man wendet sich dem Baby zu, spricht langsamer als mit Erwachsenen und mit mehr Betonung. Die Mimik ist stark ausgeprägt, und meist sind es zärtliche Worte, die einem über die Lippen kommen. Es ist also vor allem das Gefühl, das den Ausschlag gibt und das Gehirn aufbaut, nicht die semantische Bedeutung des Gesagten.

Ammensprache statt Babysprache

Erklären Sie dem Baby den Alltag – es hört gern zu.

Dass eine übertriebene Babysprache mit „Eideidei“ und sinnlosem Geplapper in höchsten Tönen nicht die richtige Gesprächsform darstellt, ist heute allenthalben bekannt. Doch natürlich kann und soll man mit einem Baby nicht nüchtern und sachlich reden. Die meisten Eltern machen es instinktiv richtig: Sie reden mit ruhiger, sanfter Stimme, rhythmisiert in kurzen, einfachen Sätzen und mit deutlicher Mimik und Gestik – in der so genannten Ammensprache (auch als Mutterisch oder modern als „Babytalk“ bezeichnet). Auf diese Weise kann man alle Alltagshandlungen, die man mit dem Baby ausführt, kommentieren und erzählen, was man tut: „Schau, jetzt ziehen wir den Strampler aus. Erst mal die Knöpfe aufmachen, dann ein Ärmchen heraus, jetzt das zweite ... Ei, bist du schön warm, und so eine weiche Haut hast du ...“. Auf diese Weise profitiert das Baby nicht nur von der wohltuenden Wirkung der Sprache, sondern bekommt von Anfang an seinen Alltag erklärt – man spricht hier pädagogisch vom „handlungsbegleitenden Sprechen“, das den Spracherwerb in besonderer Weise unterstützt.
Ganz allgemein gilt: Erzählen, und sei es von eigenen Erlebnissen und Vorkommnissen im Alltag, hat für das Kind von den ersten Lebenswochen an und die gesamte Kindheit hindurch einen hohen Stellenwert. Nicht zu vergessen: Kleine Lieder und bald auch Reime und erste Fingerspiele gehören selbstverständlich auch dazu und unterstützen den Spracherwerb.

Die besondere Beziehung zum Vater

Eine verlässliche Mutter-Kind-Beziehung, die die Entstehung von Urvertrauen ermöglicht, ist die Grundlage der Entwicklung des Babys. Zwischen Mutter und Baby entsteht sehr bald ein ganz eigenes Repertoire der Verständigung und des Austausches. Durch das Stillen und die Tatsache, dass es meist die Mutter ist, die sich in der ersten Zeit beinahe ausschließlich um das Baby kümmert, entsteht zwischen Mutter und Kind diese besondere Basis, aus der sich Väter nicht selten ausgeschlossen fühlen. Doch Babys profitieren sehr davon, wenn sie von den ersten Lebenstagen an auch eine ganz eigene Beziehung zu ihrem Vater haben. Denn der Vater hat ebenso wie die Mutter den natürlichen Instinkt, sein Baby und dessen Bedürfnisse zu verstehen. So kann auch er von Anfang an sein Verhalten auf das Baby abstimmen, auf es eingehen und damit seine Entwicklung durch neue Aspekte fördern.

Geben Sie als Mutter Ihrem Partner auch die Möglichkeit und den Freiraum, diesen eigenen Umgang mit dem Baby zu pflegen. Oft besteht die Skepsis, ob „er" auch alles richtig mache mit dem Baby. Und allgemein besteht noch immer die Meinung, dass Männer mit kleinen Babys nicht viel anfangen können. Überwinden Sie all diese Vorurteile und Bedenken im Interesse Ihres Kindes, damit Sie als Vater die Möglichkeit haben, Ihre für die Entwicklung des Kindes so unersetzliche Rolle von Anfang an wahrzunehmen.

Der Vater geht anders mit dem Baby um als die Mutter – für Babys Entwicklung ist das höchst förderlich.

Väter vermitteln einen anderen Zugang zur Welt

Es ist nachgewiesen, dass Väter anders mit ihren Kindern – schon mit dem Baby – umgehen als Mütter. Sie bringen mehr Bewegung ins Leben des Babys; das beginnt damit, dass sie es in anderer, festerer Weise berühren, es auch einmal knuffen und später in die Luft werfen und wieder auffangen. Und sie bevorzugen allgemein lebhaftere Spiele, die dem Baby neue Erfahrungen ermöglichen. Vaters Spiele mit dem Baby sind ganzkörperbetont. Und so begegnet das Baby auch selbst dem Vater bald anders als der Mutter: Wenn es seine Stimme hört, wird sein ganzer Körper lebhaft und drängt sich dem Vater entgegen – es will Action. Für Babys Entwicklung ist dieser besondere Umgang natürlich von großer Bedeutung, werden seine Sinne bei diesen Spielen doch in höchster Weise angeregt. Auch sein Körpergefühl wird dabei sehr gefördert. Die ureigene Beziehung, die dabei zwischen Vater und Kind entsteht, wird das ganze Leben lang eine Bereicherung für beide darstellen und dem Kind in allen Entwicklungsphasen ganz besondere Anregungen schenken.

Vielfältige Kontakte: Alle lieben dich

Das erste Lebensjahr ist von entscheidender Bedeutung für die soziale Entwicklung.

Natürlich steht in den ersten Lebensmonaten die enge Beziehung zu den Eltern im Vordergrund. Doch auf der Basis dieser sicheren Bindung ist das Baby schon bald auch an anderen sozialen Kontakten interessiert, die eine wesentliche Bereicherung seines Lebens darstellen und seine soziale wie geistige Entwicklung unterstützen. Natürlich darf das Baby nicht einfach anderen Menschen „übergeben" werden, sondern es sollte seine neuen Bekanntschaften immer gemeinsam mit Mutter oder Vater machen. Wenn sich dann eine vertrauensvolle Beziehung zu einer anderen Bezugsperson entwickelt hat, kann das Baby auch allein in dessen Obhut gelassen werden. Und damit ist auch die Betreuung in einer Krippe oder Kita für Babys Entwicklung nicht nachteilig. Durch lange Eingewöhnungszeiten und feste Bezugspersonen kann man in modernen Einrichtungen den Bedürfnissen auch der Kleinsten durchaus gerecht werden.

Ein gleichberechtigtes Familienmitglied

Glücklicherweise sind die Zeiten vorbei, in denen Babys die meiste Zeit in ihrem Bettchen im Kinderzimmer verbrachten, fernab jedes Alltagsgeschehens. Babys wollen vielmehr von klein auf in das Familienleben integriert werden und an allen Gewohnheiten, Ritualen und Ereignissen teilhaben. Stellen Sie seine Wiege ins Wohnzimmer: Interessiert wird es das Geschehen beobachten und sich, wenn es genug hat, abwenden und in all dem Trubel einschlafen. Mit etwa vier Monaten kann es in der Wippe sitzend am Alltag teilnehmen. Auf diese Weise lernt es das „normale" Leben kennen und erfährt, wie das Zusammenleben funktioniert. Dieses Dabei-Sein bei normalen Aktivitäten bringt seine Entwicklung ungemein voran.

Babys lieben Kinder

Schon sehr früh reagiert ein Baby in besonderer Weise auf andere Babys und auf Kinder. Ältere Geschwister oder Besuchskinder werden fasziniert beobachtet – das Baby scheint zu spüren, dass Kinder ihm in seiner Erfahrungswelt sehr nahe sind. Es ist höchst aufmerksam, wenn ein Kind mit ihm spielt und nimmt das Treiben anderer Babys interessiert wahr. Denn auch Kinder gehen – wie die Väter – wieder auf eine ganz besondere Weise mit dem Baby um. Sie nähern sich ihm unbeschwert, voller Begeisterung – oftmals etwas ungestüm, aber das verkraftet ein

Baby gut. Die Spontaneität und Unmittelbarkeit, mit der Kinder auf die Welt zugehen, ist für das Baby eine höchst förderliche Erfahrung. Versuchen Sie daher, „Kinderkontakte“ von klein auf zu initiieren und zu pflegen.

Babys beste „Förderung“

Ein Baby entwickelt sich in jeder Hinsicht am besten, wenn es auf der Basis einer liebevollen Eltern-Kind-Bindung am normalen Familienalltag teilnimmt, in dem seine Bedürfnisse nach Ruhe und Abwechslung respektiert werden. Für die Eltern bedeutet dies eine Entlastung: Keineswegs kommt es auf eine gezielte Frühförderung im Sinne spezieller Trainingsprogramme oder Aktivitäten an, sondern darauf, die Bedürfnisse des Babys zu erkennen und darauf einzugehen. Und so spricht man in der Elementarpädagogik inzwischen lieber von „unterstützen“ als von „fördern“ – denn es kommt letztlich darauf an, die vom Kind ausgehenden Impulse und Interessen zu erkennen und es in seiner Entwicklung, die es selbsttätig vorantreibt, zu unterstützen.

Die wichtigsten Grundsätze:

- Eine verlässliche Bindung sowie elterliche Geduld und Gelassenheit geben dem Baby die Möglichkeit, Unternehmungslust und Forschergeist auszubilden.
- Babys lernen durch Nachahmung. Deshalb wird ihre Entwicklung am besten unterstützt, wenn sie am Alltag teilhaben und in die Familienaktivitäten einbezogen werden.
- Eine anregende Umgebung, in der genügend Freiraum zum Erforschen besteht, ist das beste „Spielzeug“ für das Baby.
- Sinneserfahrungen in jedem Bereich (Wörter, Bewegung, Körperkontakt) machen Spaß und unterstützen die Entwicklung des Gehirns.
- Soziale Kontakte bieten immer neue Anregungen und fördern die soziale und geistige Entwicklung.
- Spiele, die von den Bedürfnissen des Babys ausgehen, bieten zusätzliche Anregung und viel Spaß (siehe Teil 2 dieses Buches).

Praxisteil

Spiel und Spaß

Liebe, Geborgenheit und Zuwendung sowie die Befriedigung seiner Bedürfnisse sind die Basis, auf der Ihr Baby sich optimal entwickelt. Darüber hinaus gibt es vielfältige Spiel- und Bewegungsanregungen, die der allgemeinen kindlichen Entwicklung dienen und Eltern und Kind viel Spaß machen.

Spiele, die die Entwicklung unterstützen

Spiele bieten eine Extra-Portion Sinneserfahrung.

Ein Baby lernt durch jeden Eindruck, durch jede Erfahrung, durch jede Zuwendung. Deshalb stellen eine anregende Umgebung, ein abwechslungsreicher Alltag und eine liebevolle Versorgung die Basis seiner geistigen, motorischen und sozialen Entwicklung dar.
Darüber hinaus kann diese Entwicklung durch eine sanfte, überlegte Unterstützung bereichert werden. Keineswegs sind damit ausgeklügelte Trainingsprogramme gemeint, sondern spielerische Anreize, die Spaß machen – den Eltern ebenso wie dem Baby. Nicht die Förderung der Leistungsfähigkeit oder gar ein „Intelligenztraining" ist hier gemeint – das Baby erlebt dabei vielmehr die Freude am Entdecken seiner eigenen Möglichkeiten und Fähigkeiten und seiner sich allmählich herausbildenden Selbstständigkeit.

Der richtige Zeitpunkt

Wenn die Grundbedürfnisse des Babys nach Geborgenheit, Nahrung, Wärme, Ruhe erfüllt sind, hat es bald Lust auf neue Erfahrungen. Dazu sind Spiele in bester Weise geeignet. Diese Spiele können in den Alltag eingebaut werden und sich aus den verschiedensten Situationen heraus spontan ergeben, z.B. beim Hochnehmen aus dem Bettchen, beim Wickeln oder Baden oder nach dem Stillen. Die Spielform orientiert sich dabei immer an der aktuellen Verfassung des Babys: Ist es in sich gekehrt und ruhig? Dann bietet ein sanftes Streicheln oder ein leise gesummtes Lied den richtigen Zugang zum Kind. Oder ist es munter und blickt herausfordernd in die Welt? Dann darf z.B. geturnt oder gekitzelt werden. Diese Spielsituationen erfordern keinerlei Vorbereitung, sondern nur Intuition und Fantasie der Eltern.

Die „Spielstunde"

Eine regelmäßige Spielstunde kann schon bald zum täglichen Ritual gehören.

Neben diesen spontanen Spielen können die Eltern aber auch eine regelmäßige Spielstunde vorsehen. Natürlich darf daraus kein Zwang entstehen, kein Programm, das unter allen Umständen absolviert werden muss. Wenn es der Alltagstrubel nicht zulässt oder das Baby überreizt oder schläfrig ist, dann ist Ruhe besser als jedes noch so gut gemeinte Spiel. Die Spielstunde findet zu einem Zeitpunkt statt, zu dem das Baby ausgeschlafen und satt ist. Äußerliche Störungen sind ausgeschaltet – kein

Handy- oder Telefonklingeln unterbricht das Spiel, das Abendessen brennt auch nicht gerade an ... Es ist absolut vorrangig, sich während des Spiels voll auf das Baby einzulassen, mit ihm in Harmonie übereinzustimmen.

„Spielstunde“ bedeutet dabei natürlich nicht, dass Sie tatsächlich eine ganze Stunde lang mit Ihrem Baby spielen. Das ist viel zu lang. Ein wenige Wochen altes Baby wird nur fünf bis zehn Minuten aufmerksam bleiben, ein älteres Baby höchstens 20 Minuten. Bitte überfordern Sie Ihr Baby auf keinen Fall! Achten Sie immer auf seine Reaktionen und Zeichen. Wendet es sich ab oder wird quengelig, bedeutet dies: Es reicht – morgen wieder!

Der „Spielplatz“

Am passendsten ist immer das Spiel, an dem das Baby den größten Spaß hat.

Die kleinen Spielchen zwischendurch finden dort statt, wo sie sich ergeben: in der Wanne, auf dem Wickelplatz, im Bettchen, auf einer Krabbeldecke, vor allem immer wieder auf Mutters – oder Vaters – Schoß. Für die Spielstunde dagegen lohnt es sich, eine gemütliche Ecke vorzubereiten – eine kuschelige Decke auf dem Boden mit viel Strampelfreiheit, in den späteren Monaten auch Platz zum Drehen und Wenden und für erste Ball- und Krabbelspiele.
Begeben Sie sich dabei auf die Ebene Ihres Babys und halten Sie engen Kontakt– Sie reden also nicht von „oben herab“ auf es ein, sondern liegen neben ihm oder halten es im Schoß. Dieses Beieinander ist ebenso wichtig wie das jeweilige Spiel und ist immer wieder ein willkommener „Pausenfüller“.

Auf Sicherheit achten!

Immer wieder hört man von Stürzen vom Wickeltisch oder anderen, oft schweren Unfällen mit Babys. Achten Sie deshalb bei jedem Spiel auf die Sicherheit Ihres Babys. Bei kurzen Spielchen auf dem Wickeltisch beim Umkleiden halten Sie Ihr Baby immer mit mindestens einer Hand fest. Auch beim Baden in der Wanne das Baby nie loslassen!
In der Spielecke stellen Sie bitte sicher, dass nirgends scharfe Kanten sind, keine Tischdecke heruntergezogen werden kann und keine Kleinteile herumliegen (siehe auch Seite 90ff.). Auch wenn das Baby auf Ihrem Schoß liegt, halten Sie es immer mit einer Hand fest, damit es nicht abrutschen kann. Vor allem quirlige Babys können bewegungsmäßig immer mehr, als man vermutet!

Welches Spiel ist geeignet?

Die Spiele in den folgenden Kapiteln fallen in die Bereiche Sinnesspiele, soziale, motorische und geistige (kognitive) Anregungen. Dabei muss betont werden, dass im Grunde nie ein Bereich isoliert angesprochen wird, sondern jeder Eindruck die Entwicklung des Babys in umfassender Weise voranbringt. Verstehen Sie daher die Zuordnungen als Schwerpunktsetzungen, und wählen Sie Spiele jeweils danach aus, wie die Verfassung Ihres Babys gerade ist: Wenn es sehr aktiv ist, wählen Sie ein Spiel aus dem motorischen Bereich. Wenn es ihm – oder auch Ihnen

– besonders nach Nähe und Zuwendung ist, dann ist ein Spiel, bei dem das soziale Miteinander in den Mittelpunkt steht, das richtige. Und wenn Ihr Baby höchste Aufmerksamkeit zeigt, braucht es geistige Anregungen.

Für die Altersangaben gilt: Orientieren Sie sich am Entwicklungsstand Ihres Kindes, nicht an den Lebensmonaten, sie sind nur ein grober Anhaltspunkt. In den wenigsten Fällen entspricht ein Baby in allen Bereichen gleichzeitig der Altersnorm. Es kann durchaus sein, dass Ihr Kind in seiner geistigen Entwicklung seinem Alter voraus ist und Spiele der Altergruppe für das zweite Vierteljahr spielen mag, in seiner motorischen Entwicklung aber langsamer ist – selbstverständlich gilt das auch umgekehrt.

Natürlich sind Spiele der vorhergehenden Altersphase immer auch für ältere Babys geeignet. Manche Spiele werden zu eindeutigen Favoriten und werden Sie und Ihr Kind lange Zeit begleiten.

Bei jedem Spiel, das Sie Ihrem Baby anbieten, beginnen Sie ganz behutsam und achten auf seine Reaktionen. Fühlt es sich angesprochen? Lässt es sich auf das Spiel ein? Reagiert es selbst? Oder zeigt es sich eher uninteressiert oder gar widerwillig?

Gehen Sie ganz flexibel auf die Reaktionen Ihres Babys ein. Beharren Sie nicht auf einem Spiel, nur weil Sie denken, es sei jetzt „an der Zeit“, dass Ihr Baby dies oder jenes macht. Wenn Ihr Baby nicht will – schmusen Sie einfach mit ihm, oder machen Sie einen neuen Spielvorschlag. Das abgelehnte Spiel können Sie einige Tage später nochmals anbieten. Die in den folgenden Kapiteln angeführten Spielideen sind immer nur als Vorschläge gedacht. Sie können – und sollen – nach Lust und Laune abgeändert werden. Intuition, Fantasie und Kreativität der Eltern bringen die besten Spiele hervor und passen sich automatisch den individuellen Stärken und Fähigkeiten des eigenen Kindes an.

Die wichtigsten Spielregeln

- Spaß ist das oberste Spielprinzip.
- Das Spielangebot richtet sich immer nach der Verfassung des Babys.
- Das Spiel orientiert sich am Entwicklungsstand des Babys.
- Spielgelegenheiten bieten sich immer, wenn das Baby aufmerksam ist.
- Eine spezielle „Spielstunde“ kann ein schönes Ritual werden, das die ganze Kinderzeit begleiten kann.
- Pro Spielzeit immer nur ein bis zwei Spiele vornehmen.
- Babys lieben Wiederholungen. Deshalb: Spiele, die das Baby liebt, immer wieder durchführen.
- Kleine Variationen machen Vertrautes abwechslungsreich.
- Ein besonderes Extra: die regelmäßige Spielstunde mit dem Vater.
- Achtung vor Überforderung: Wenn das Baby genug hat, kein weiteres Programm „durchziehen“.
- Dem Baby nicht ständig etwas bieten – es braucht auch Zeit für sich allein.
- Das selbsttätige Spiel des Babys nie unterbrechen.

Das erste Vierteljahr

Zart und zerbrechlich wirkt das Neugeborene – instinktiv wollen die Eltern es behüten und schützen. Kuscheln und Streicheln sind die wichtigsten Erfahrungen in Babys erstem Vierteljahr. Doch es nimmt auch über all seine Sinne schon so vieles auf …

Eingewöhnung in der Welt

Das Entstehen einer tiefen Eltern-Kind-Beziehung ist im ersten Vierteljahr von vorrangiger Bedeutung.

In den ersten zwei Lebensmonaten ist das Baby damit beschäftigt, sich auf die neuen Lebensbedingungen einzustellen und seine unmittelbare Umwelt kennen zu lernen. Dies geschieht in erster Linie über den engen Kontakt zu Mutter und Vater und über Sinneserfahrungen. Das Baby richtet sich in der Welt ein und braucht dazu Ruhe und Zeit.
Liebevoller Körperkontakt und enge Zwiegespräche unterstützen das Kennenlernen und bauen eine verlässliche Eltern-Kind-Bindung auf. Erste Spielchen festigen diese Beziehung und wecken Babys Spaß am Leben.
Die Eltern garantieren in den ersten Lebensmonaten das Überleben des Babys und sind gleichzeitig sein liebstes Spielzeug. Sie sind der Dreh- und Angelpunkt seines Lebens. Sobald das Baby etwa ab der sechsten Lebenswoche über ein stärker entwickeltes Sehvermögen verfügt und eine gewisse Kontrolle über seinen Kopf erworben hat, wird es – wann immer möglich –, die Mutter beobachten. Schön, wenn es bereits jetzt, am besten im Tragetuch, immer wieder an den häuslichen Aktivitäten teilhaben kann. So wächst es voller Geborgenheit und Sicherheit in das Leben und den Alltag hinein.

Die körperliche Entwicklung

Kopfkontrolle

In den ersten drei Lebensmonaten werden die reflexartigen Körperreaktionen allmählich von einer willentlichen (natürlich noch unbewusst ablaufenden) Körpersteuerung abgelöst. So beginnt das Baby bereits am Ende des ersten Monats, seinen Kopf aus der Bauchlage für kurze Zeit zu heben. Am Ende des zweiten Monats kann es den Kopf aus der Bauchlage um etwa 45 Grad anheben und ihn etwa zehn Sekunden oben halten. Es kann ihn nach beiden Seiten drehen. Am Ende des dritten Monats schließlich kann es ihn aus der Bauchlage heraus bereits eine Minute oben halten. Es kann den Kopf ebenfalls halten, wenn man es an den Händen in die Sitzhaltung zieht. Diese neu erworbene Kopfkontrolle stellt einen wichtigen Meilenstein dar und ermöglicht dem Baby das aufmerksame Beobachten seiner Umwelt.

Körperhaltung

Im ersten Monat liegt das Baby meist in Beugehaltung mit angewinkelten Armen und Beinen auf dem Bauch, den Kopf zur Seite gelegt. Im zweiten Monat streckt sich sein Körper zunehmend, und im dritten

Monat stützt es sich auf die Unterarme und hebt Kinn und Schultern leicht an. Aus der Seitenlage kann es sich nun allein auf den Rücken rollen. Es entdeckt die Bewegungsmöglichkeiten seines Körpers und probiert sie voller Freude aus: strampeln und mit den Armen rudern.

Greifen

Die Hände sind beim Neugeborenen meist zur Faust geschlossen, bleiben aber bereits am Ende des zweiten Monats immer häufiger geöffnet. Zwischen der achten und zwölften Lebenswoche schließlich verschwindet der Greifreflex allmählich, und das Baby lernt willentlich zu greifen – eine wichtige Voraussetzung zur Erkundung der Welt. Am Ende des dritten Monats hält es bereits kurze Zeit eine Rassel, die man ihm in die Hand gibt. Und es entdeckt nun seine eigene Hand, ist fasziniert, spielt damit, führt sie immer wieder zum Mund.

Auge-Hand-Koordination

Wenn das Baby im dritten Lebensmonat beginnt, nach Gegenständen bzw. der eigenen Hand zu greifen, muss es eine weitere wichtige Fähigkeit ausbilden: das Einschätzen von Entfernungen und das genaue, zielgerichtete Greifen. Auge und Hand müssen zusammenarbeiten, d.h. koordiniert funktionieren.

Alle Sinne

Das junge Baby nimmt seine Umwelt über die Sinne wahr. Sie sind bereits bei der Geburt hellwach und verfeinern sich immer mehr. Sinnesanregungen sind in diesem Alter von besonderem Wert für seine Entwicklung. Allerdings dürfen die Reize nicht zu stark sein, sonst werden die Sinne überfordert und das Baby blinzelt, strampelt und schreit.

Sehen

Von Geburt an nimmt das Baby Gegenstände wahr, am deutlichsten aus einem Abstand von 25–30 cm. Besonders fasziniert ist es vom menschlichen Gesicht. Am Ende des ersten Monats folgt es einem bewegten Spielzeug mit den Augen in horizontaler Richtung. In den nächsten Monaten nimmt die Sehschärfe zu, und es kann immer besser fixieren. Im dritten Monat wird ein Spielzeug auch vertikal verfolgt.

Das Baby bevorzugt deutlich ausgeprägte Formen und klare Farben. Seine Lieblingsfarbe ist Rot.

Hören

Schon das Neugeborene reagiert aufmerksam auf Geräusche, vor allem auf die menschliche Stimme. Im zweiten Monat wendet es sich einer Geräuschquelle zu, und im dritten Monat ist es in der Lage, verschiedene Geräusche zu unterscheiden. Durch vertraute Klänge lässt es sich schon früh beruhigen. Viele Babys lieben klassische Musik.

Fühlen und Tasten

Die Haut ist in den ersten Lebenswochen wohl das wichtigste Sinnesorgan. Über Körperkontakt, sanfte Berührungen und Wohlempfinden bildet das Baby seinen Kontakt zur Welt aus. Es sammelt darüber auch wichtige Erfahrungen: warm, kalt, fest, weich. Tragen, Wiegen und Schaukeln sind herrliche Erfahrungen für das Baby und stimulieren gleichzeitig das Gleichgewichtsorgan, das in besonderer Weise für die geistige Entwicklung wichtig ist. Bei der Babymassage (siehe Seite 75f.) erlebt das Kind Wohlbehagen und Entspannung und erfährt seinen Körper in besonderer Weise.

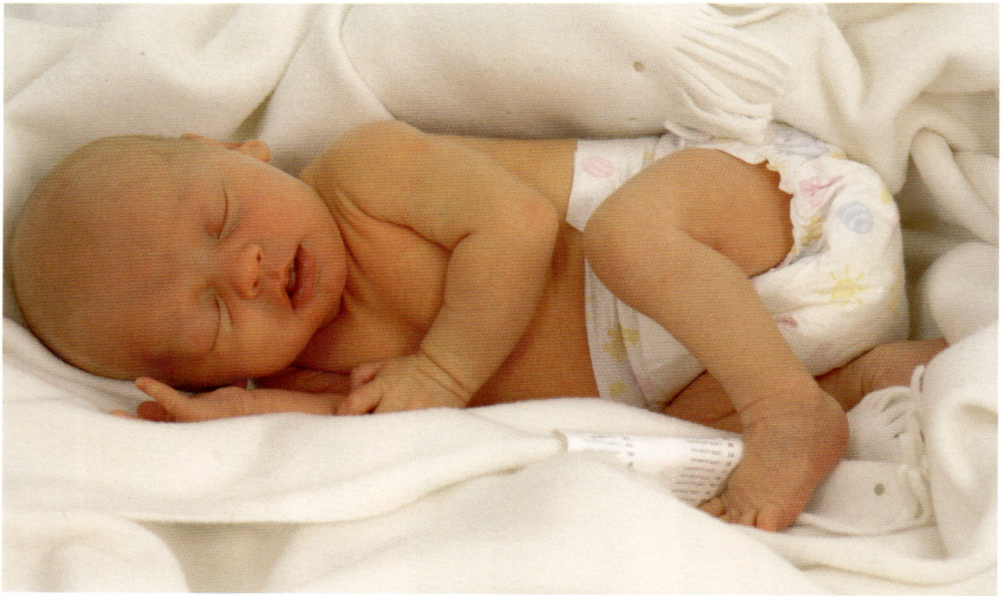

So unterstützen Sie die körperliche Entwicklung

Förderung von Kopfkontrolle, Muskulatur und Greifen

- Lassen Sie Ihr Baby immer wieder nackt strampeln und damit seine Bewegungsmöglichkeiten austesten.
- Fördern Sie Babys Kopfkontrolle, indem Sie seine Neugier wecken: Legen Sie ein buntes Spielzeug vor seinen Kopf, so dass es den Kopf anheben muss, um es zu betrachten (ab ca. sechster Lebenswoche).
- Ab der achten Lebenswoche können Sie das Baby abgestützt auf Kissen aufrecht hinsetzen und einige bunte Gegenstände in seine Nähe legen. Dabei übt es die Kopf- und Armbewegungen, wenn es danach greifen will, bzw. danach schlägt. Das – kurzzeitige – aufrechte Sitzen fördert sein Gleichgewichtsgefühl.

- Ende des dritten Lebensmonats ziehen Sie Ihr Baby spielerisch und sanft von der Rückenlage in eine sitzende Haltung. Dies stärkt Nacken- und Schultermuskulatur.
- Das Greifen und gleichzeitig das Fühlen unterstützen Sie, wenn Sie dem Baby kleinere Gegenstände verschiedener Form und unterschiedlicher Materialbeschaffenheit in die Hand geben. Vielfältige Erfahrungen bieten „Tastsäckchen" – kleine, aus verschiedenen Stoffen selbst genähte Säckchen, die Sie mit unterschiedlichen Materialien (z. B. Sand, Reis, Murmeln) füllen.
- Eine schöne Greif- und Hörerfahrung bieten unterschiedliche Papiere: weiches, knisterndes Sandpapier oder raueres, griffiges Krepppapier. Aber Vorsicht: Ihr Baby führt alles auch zum Mund und verspeist gerne auch Papier!

Bitte beachten: Lassen Sie sich immer vom Kind leiten

Für alle Übungen, Anregungen und Spiele gilt: Achten Sie immer auf den Entwicklungsstand und die Verfassung Ihres Kindes. Machen Sie nichts, für das es noch nicht reif ist oder auf das es keine Lust hat. Im Zweifelsfall fragen Sie den Kinderarzt/die Kinderärztin.

Anregungen für die Sinne

Visuelle Eindrücke

- Befestigen Sie ein großes Foto eines menschlichen Gesichts (am besten ein Porträt der Mutter) seitlich an Babys Wiege oder Bettchen.
- Ein einfaches Mobile mit klaren Formen und Farben über dem Bettchen fesselt Babys Aufmerksamkeit.
- Eine weiche Schmusepuppe mit ausgeprägten Gesichtszügen am Kinderbett oder Kinderwagen gibt dem Baby Gelegenheit, das Fixieren der Augen zu üben.
- In einem unzerbrechlichen Spiegel kann sich Ihr Baby immer wieder selbst betrachten (natürlich weiß es noch nicht, dass dies sein Spiegelbild ist).

Hörerfahrungen

- Schotten Sie Ihr Baby nicht ab. Die normale Geräuschkulisse in einem Haushalt kann ein Baby gut ertragen; sie bietet ihm vielfältige Hörerfahrungen.
- Sprechen Sie immer wieder mit Ihrem Baby. Erzählen Sie ihm, was Sie gerade tun.

- Singen Sie ihm vor.
- Eine Spieluhr über dem Bettchen macht dem Baby Spaß.
- Lassen Sie gelegentlich leise klassische Musik laufen – wenn Ihr Baby es mag.
- Neugierig lauscht das Baby dem Klang eines Glöckchens.
- Das Brummen des Staubsaugers oder der Waschmaschine wirkt auf manche Babys beruhigend (manche allerdings erschrecken).

Empfindungen

- Zärtlichkeit, Streicheln, Körperkontakt – davon kann ein Baby nicht genug bekommen.
- Mal sanft wie ein Hauch, mal kräftig-liebevoll: Aufmerksam unterscheidet das Baby zwischen unterschiedlicher Berührungsintensität.
- Ein weiches flauschiges Frottehandtuch, ein glattes kühles Seidentuch – was mag Ihr Baby lieber?
- Ein sanftes Kitzeln lässt Ihr Baby höchst aufmerksam werden.
- Im dritten Monat werden Tasterfahrungen interessant und schon bewusst wahrgenommen: das weiche Stofftier, die griffige Quietschente, das harte Holzauto ...

Die soziale Entwicklung

Körperliche Nähe, Blickkontakt und liebevolle Ansprache sind die Stützpfeiler der sozialen Entwicklung.

Die Beziehung zu Menschen ist die Basis für das Überleben des Neugeborenen und später die Grundlage seiner Kontaktfähigkeit. Von Geburt an erwirbt das Baby Sozialverhalten in der Interaktion mit den Eltern: Es ist magisch angezogen von den Eltern, speziell der Mutter, verlangt nach ihrer Nähe, beobachtet und imitiert sie. Die Beziehung zu den Eltern ist daher das Grundmuster für alle späteren Beziehungen. Man weiß heute, dass vor allem die ersten sechs Lebensmonate von entscheidender Bedeutung für die soziale Entwicklung sind.

Beziehungsaufnahme

In den ersten Lebenswochen baut das Neugeborene durch intensiven Körperkontakt und verlässliche Befriedigung seiner Bedürfnisse das Vertrauen in die Eltern-Kind-Beziehung auf. Durch Bewegungen von Kopf, Mund und Zunge ruft es nach Aufmerksamkeit und beginnt einen Dialog mit den Eltern, auf den diese unbedingt unverzüglich reagieren sollten.

Gefühle ausdrücken

Schon im ersten Lebensmonat kann das Baby unmissverständlich seine Gefühle ausdrücken: Unbehagen durch Schreien und Strampeln und ausgeprägtes Mienenspiel, Wohlbehagen durch Anschmiegen.

Das erste Lächeln

Schon das Neugeborene hat manchmal einen Gesichtsausdruck, der an ein Lächeln erinnert; man spricht vom „Engelslächeln". Hierbei handelt es sich allerdings um unbewusste Gesichtsregungen. Das erste „richtige", d.h. soziale Lächeln tritt mit etwa sechs bis acht Wochen auf: Das Baby lächelt beim Anblick eines menschlichen Gesichts. Für die Eltern ist dieser Moment ein wunderschönes Erlebnis. Interessanterweise lächelt das Baby Gegenstände nicht an; dies zeigt, dass sein Lächeln eindeutig kommunikativen Charakter hat.

So unterstützen Sie die soziale Entwicklung

Körperkontakt

- Zärtliche Berührungen, Hautkontakt, Schmusen vermitteln Geborgenheit und Sicherheit und sind die erste Form der Kommunikation.
- Streicheln und sanfte Massage schaffen Wohlbefinden und stimulieren Babys größtes Sinnesorgan – die Haut.

Blickkontakt

- Schauen Sie Ihr Baby immer an, wenn Sie es berühren und streicheln.
- Halten Sie auch beim Stillen Blickkontakt – das Baby lernt dabei den Zusammenhang zwischen der angenehmen Nahrungsaufnahme und der sozialen Nähe.

Zwiegespräch

- Reden Sie immer wieder sanft und leise mit Ihrem Kind. Sagen Sie ihm, wie sehr Sie es lieben und wie wunderbar Sie seine Entwicklung finden.

Mimik

- Unterstreichen Sie den Dialog mit Ihrem Baby durch eine deutliche Mimik. Lassen Sie Ihr ganzes Gesicht sprechen.
- Imitieren Sie auch die Gesichtsbewegungen Ihres Babys – diese Reaktion auf sein Verhalten ist für das Baby eine wichtige kommunikative Erfahrung.

Getragen-Werden

Körperkontakt und sanfte Bewegung – Babys höchste Wonne. Das Getragen-Werden ist für das Baby die schönste Form, die Welt kennen zu lernen oder zur Ruhe zu finden. Getragen-Werden unterstützt durch die Bewegungsanreize und die vielen Eindrücke seine Entwicklung in besonderer Weise. Ein Tragetuch oder eine Babytrage, in dem das Baby sicher liegt und das der Mutter – oder dem Vater – die Hände frei lässt, ist daher eine lohnenswerte Anschaffung.

Die geistige Entwicklung

Die geistige Entwicklung ist in den ersten Lebensmonaten in besonderer Weise mit den Sinnesanregungen und Körperbewegungen verbunden (siehe Seite 28). Die rasante Entwicklung des Gehirns basiert auf Erfahrungen und Reizen, die das Baby über seine Sinne und seinen Körper macht. Daher bieten Anregungen der Sinne und der Beweglichkeit in diesem Alter gleichzeitig die beste Unterstützung der kognitiven Entwicklung.

Wiedererkennen

Bereits im ersten Monat erkennt das Baby die Mutter an der Stimme und am Geruch und zeigt dieses Wiedererkennen durch Gesichtsbewegungen.

Mit zwei Monaten lächelt es, wenn es das Gesicht der Mutter erblickt oder ihre Stimme hört. Mit drei Monaten reagiert es auf Ansprache mit Entzücken, das sich mit seinem ganzen Körper ausdrückt.

Reaktion auf die Umwelt

Im ersten Monat verfolgt das Baby ein sich bewegendes Objekt mit den Augen. Im zweiten Monat betrachtet es Gegenstände mit zunehmendem Interesse und schaut sich um, wenn es ein Geräusch hört.

Körperverständnis

Mit drei Monaten wird sich das Baby seines Körpers bewusst und entdeckt speziell seine Hände und Finger als Spielzeug.

Die Sprachentwicklung

Die Grundvoraussetzungen für den Spracherwerb sind im Gehirn des Babys angelegt.

Das Schreien ist zunächst Babys wichtigste Form, sich mitzuteilen; doch da das Baby von der menschlichen Stimme fasziniert ist, lauscht es sehr bald schon den Lauten und versucht sie schließlich zu imitieren.

Schon mit vier Wochen begreift das Baby das Zusammenwirken von Lauten und Klängen und öffnet und schließt den Mund, um Sprache nachzuahmen.

Mit vier bis sechs Wochen reagiert das Baby mit Gurgellauten auf die Zuwendung der Eltern und wartet auf eine Antwort. Mit zwei bis drei Monaten beginnt es, Vokale zu bilden („öhö“, „aha“) und bald danach erste Kehllaute (z. B. „errhe“). Die Lautbildung macht ihm Spaß, und es plappert zunehmend auch alleine vor sich hin.

Wächst ein Kind in einer Umgebung auf, in der viel gesprochen wird, vollzieht sich die Sprachentwicklung meist ohne Probleme. Besonders sprachfördernd sind von klein auf zusätzlich Lieder und Kinderreime.

So unterstützen Sie die geistige Entwicklung

- Reagieren Sie auf alle Signale und Äußerungen Ihres Babys. **Auf das Baby eingehen**
- Nehmen Sie seine Mimik auf und spiegeln Sie sie.
- Sprechen Sie mit ihm, versprachlichen Sie auch seine Empfindungen und Gefühle.
- Nur wer sich wohlfühlt, nimmt auf und ist lernbereit. Deshalb: Befriedigen Sie immer zuverlässig die Bedürfnisse Ihres Babys. **Positive Gefühle vermitteln**
- Tragen und wiegen Sie Ihr Baby.
- Regen Sie die Sinne Ihres Babys über vielfältige Erfahrungen an. **Sinnliche Erfahrungen vermitteln**
- Schaffen Sie mit zunehmendem Alter des Babys eine immer buntere, anregendere Umgebung.
- Zeigen und erklären Sie Ihrem Baby seine Umwelt. **Die Welt erklären**
- Erzählen Sie ihm, was Sie gerade mit ihm machen (wickeln, baden, streicheln ...).
- Singen Sie Wiegen- und Schlaflieder, machen Sie erste Fingerspiele. **Singen und Vorlesen**
- Rhythmisches Sprechen und Singen kommen dem Baby in besonderer Weise zugute.
- Ein Baby ist nie zu klein zum Vorlesen.
- Tanzen Sie mit Ihrem Baby im Arm zu einfachen, melodischen Klängen.

Schaukeln

Sanftes Schaukeln und rhythmisches Wiegen – im Arm, in der Wiege, später in einer Babyschaukel – verschaffen nicht nur Wohlbehagen, sondern stimulieren das Gleichgewichtsorgan, das bei der körperlichen wie geistigen Entwicklung eine wichtige Rolle spielt.

Babymassage

Regelmäßige Massage macht Babys stark, klug und fröhlich.

Eine Massage ist für das Baby eine wunderbare Erfahrung – sie schafft Wohlbehagen und Entspannung und fördert die körperliche und geistige Entwicklung. Mit dem Massieren kann man schon in den ersten Lebenswochen beginnen; allerdings handelt es sich dann eher um ein zartes, gleichmäßiges Streicheln. Mit zunehmendem Alter des Babys können die Griffe aber durchaus fester werden; die Eltern dürfen es dann mit sanftem Druck anfassen. Zu zartes Streicheln kitzelt das Baby, und es kann sich nicht entspannen. Eine Massage kann entweder den ganzen Körper umfassen oder sich auf einzelne Körperregionen beschränken.

Einige Punkte gilt es dabei zu beachten:

- Der Raum sollte angenehm warm sein, ca. 25°C.
- Mutter (oder Vater) setzen sich im Schneidersitz auf den Boden und nehmen das Baby zum Massieren auf den Schoß. Der Körperkontakt schafft zusätzliches Wohlbefinden.
- Am besten ist es, wenn die Massage täglich stattfindet. Anfangs sind fünf Minuten genug; später kann man auf zehn bis fünfzehn Minuten ausdehnen.
- Wichtig sind fließende Bewegungen mit der ganzen Hand. Abrupte oder zu zögerliche Griffe machen das Baby nervös.
- Reiben Sie Ihre Hände mit vorgewärmtem Mandelöl (oder Babyöl) ein.

Wie man massiert

Eine Massage verläuft immer vom Kopf oder Oberkörper abwärts in gleichmäßigen Strichen. Achten Sie darauf, dass beide Körperseiten symmetrisch massiert werden und kombinieren Sie streichende, großflächige Bewegungen mit den Handflächen mit kleineren, kreisenden Bewegungen mit den Fingerspitzen.

Zunächst liegt das Baby auf dem Rücken: Massieren Sie vorsichtig Hals und Schultern des Babys bis zur Brust und außen zu den Armen hin. Nun streichen Sie vorsichtig über die Brust nach unten, wobei Sie dem Verlauf der Rippen folgen. Massieren Sie das Bäuchlein mit kreisenden Bewegungen vom Nabel nach außen im Uhrzeigersinn. Arme und Beine werden anschließend mit langen Strichen massiert und zusätzlich vorsichtig mit der ganzen Hand geknetet. Schließlich massieren Sie Handflächen und Fingerchen behutsam mit dem Daumen.

Die Füßchen werden vom Knöchel und der Ferse hin zu den Zehenspitzen sanft geknetet. Beenden Sie die Massage mit langen, leichten Strichen über die gesamte Körperseite.

Nun drehen Sie Ihr Baby auf den Bauch und massieren die Körperrückseite in entsprechender Weise.

Bei der Massage des Gesichts und des Kopfes sollten Sie besonders sensibel vorgehen und sich vom Baby leiten lassen. Grundsätzlich jedoch beginnt man mit einer kreisförmigen Bewegung auf dem Kopf des Babys und streicht dann seitlich mit beiden Händen am Gesicht herunter. Mit dem Daumen streichen Sie nun vorsichtig über die Stirn und von der Nasenwurzel über die Wangen zum Kinn und abschließend um die Ohren.

Gesichtsmassage

Babyschwimmen

Neben der Babymassage hat auch das Babyschwimmen eindeutig positive Auswirkung auf Babys Entwicklung. Zum einen ist das Baby das Element „Wasser“ aus der Zeit in der Gebärmutter hinreichend gewohnt – und es wird dasselbe Wohlbehagen empfinden. Zum anderen kann es sich im Wasser schon ab der sechsten bis achten Lebenswoche – ab diesem Zeitpunkt ist diese Aktivität empfehlenswert – selbstständig fortbewegen und trainiert dadurch sein Muskel- und Bindegewebe. Das Babyschwimmen unterstützt insgesamt die Bewegungsabläufe, vermittelt besondere Hautreize und stärkt die Eltern-Kind-Beziehung.

Beim Babyschwimmen wird die Grobmotorik gefördert.

Falsch ist allerdings die Vorstellung, dass das Baby zu diesem Zeitpunkt bereits schwimmen lernt. Die schlängelnden Körperbewegungen der schwimmenden Säuglinge beruhen auf einem Reflexverhalten, das später wieder verloren geht. Schwimmen lernen Kinder frühestens ab dem dritten Lebensjahr.

Wichtige Voraussetzungen:

- Babyschwimmen soll Spaß machen. Ist Ihr Baby widerwillig, darf es nicht gedrängt werden.
- Die Wassertemperatur sollte über 32°C betragen und das Wasser darf nicht zu stark gechlort sein.
- Ihr Baby muss gesund sein und darf keinen Husten oder Schnupfen haben.
- Es muss bereits seinen Kopf heben und halten können.
- Die Badezeit sollte anfangs höchstens 15 Minuten betragen.
- Nach dem Bad muss das Baby gut abgetrocknet und schön warmgehalten werden.

In der Gruppe macht es Spaß

Empfehlenswert ist anfangs ein Babyschwimmkurs unter sachkundiger Leitung. Solche Kurse werden von Volkshochschulen, Elternvereinen, aber auch direkt von Schwimmbädern veranstaltet.

Spielideen

Im ersten Monat sind stille Spiele gefragt – das Baby betrachtet seine Umgebung, schaut den Eltern in die Augen, lauscht ihrer Stimme. Kennenlern- und Schmusespiele sind richtig.
Im zweiten Monat wird das Baby beweglicher und lernt seinen Körper über die Berührungen der Eltern immer besser kennen. Es reagiert schon aufmerksam auf verschiedene Sinneseindrücke. Auch kleine Fingerspiele und erste Bewegungsspiele machen nun Spaß.
Im dritten Monat ist das Baby schon sehr aktiv und nimmt seine Umwelt immer differenzierter wahr. Es mag Reime und interessiert sich bereits für Ursache und Wirkung, z. B. für eine Badeente, die quietscht, wenn man draufdrückt. Es liebt Spiele, mithilfe derer es seine Umwelt entdecken kann.

Kennenlernspiele

Wer ist denn das?

Beugen Sie sich über Ihr Baby, schauen Sie es an, fragen Sie: „Ja, wer bist denn du?“ Oder „Wer ist denn da?“ Antworten Sie voller Freude: „Das ist mein Baby, mein kleiner Schatz“ etc. Führen Sie dieses Spiel nach Belieben fort, schon bald wird Ihr Baby dieses Spiel kennen und mitschäkern.

Was hat mein Baby für schöne Füßchen ...

Legen Sie Ihr Baby in Ihren Arm, fassen Sie mit der anderen Hand liebevoll erst das eine, dann das andere Füßchen, staunen Sie: „Was hat mein Baby denn für ein schönes Füßchen ... und noch ein Füßchen ... und so winzige Zehen, fünf kleine Zehen, nein, zehn kleine Zehen ...“ Bewundern Sie auf diese Weise jeden Körperteil Ihres Babys – ein Spiel, das Kinder noch bis ins Schulalter lieben.

Schmuse- und Berührungsspiele

In Einklang

Legen Sie sich auf den Rücken, und nehmen Sie Ihr Baby auf den Bauch (am besten ist direkter Hautkontakt). Atmen Sie im Rhythmus mit dem Baby ein und aus, heben und senken Sie dabei deutlich den Bauch – die perfekte Übereinstimmung.

Spürst du das?

Legen Sie Ihr Baby nackt auf den Bauch. Streicheln Sie es von Kopf bis Fuß mit langen Bewegungen – erst hauchzart, dann jedes Mal ein kleines bisschen fester, so lange es Ihrem Baby angenehm ist.

Federleicht

Kitzen Sie Ihr Baby, das entspannt nackt auf einer Decke liegt, mit einer weichen Feder. Streichen Sie über seinen Bauch, über die Arme, über die Fußsohlen und auch über die Wange.

Da bläst der Wind

Blasen Sie ganz sachte über den Bauch Ihres Babys, erzählen Sie, wie der Wind leicht übers Feld weht, blasen Sie etwas stärker – der Wind nimmt zu und entwickelt sich zu einem Orkan ...

> **Nach Lust und Fantasie**
>
> Alle hier angeführten Spiele sind lediglich als Anregung gedacht – entwickeln Sie selbst mit Ihrem Kind Spiele, lassen Sie Ihrer Fantasie freien Lauf!

Schaukel- und Bewegungsspiele

Hier bist du geborgen Setzen Sie sich im Schneidersitz auf den Boden, nehmen Sie Ihr Baby in Ihre verschränkten Arme, und wiegen Sie es sanft hin und her. Sprechen Sie dabei mit ihm, oder singen Sie ihm leise vor.
Sie können Ihre Beine auch anwinkeln und Ihr Baby mit dem Rücken an Ihre Oberschenkel anlehnen und die Beine sachte nach links und rechts bewegen.

Flugzeug Legen Sie Ihr Baby bäuchlings auf einen Unterarm; mit der anderen Hand halten Sie zwischen seinen Beinen hindurch seinen Bauch. Das Baby hat nun freie Sicht, und Sie können es herumtragen und auch einmal – ruhig und vorsichtig – wie ein Flugzeug um sich herumfliegen lassen.

Schaukeldecke Legen Sie Ihr Baby in Rückenlage auf eine Decke. Nun fasst die Mutter die Decke an beiden oberen Enden, der Vater an beiden unteren. Achten Sie darauf, dass Ihr Baby sicher in der Decke liegt und nicht herausrollen kann. Wenn es sich wohlfühlt, beginnen Sie die Decke vorsichtig hin und her zu schaukeln – ein Spiel, das mit zunehmendem Alter immer größeren Spaß macht.

Lass uns tanzen Schmiegen Sie Ihr Baby eng an Ihren Körper, stützen Sie sein Köpfchen gut ab. Wiegen Sie sich nun zu ruhiger Musik hin und her; wenn es Ihrem Baby gefällt, können Sie weitere Tänze – auch zu lebhafterer Musik – wagen.

Strampelspiele Lassen Sie Ihr Baby nach Herzenslust mit den Beinchen strampeln, kitzeln Sie zwischendurch seine Füßchen. Nehmen Sie dann seine Füße, und machen Sie damit vorsichtige Radfahrbewegungen.
Halten Sie einen weichen Ball an einer Schnur vor Babys Beinchen – es wird begeistert sein, wenn es den Ball wegkickt.

Erste Ballspiele Rollen Sie ab dem zweiten Lebensmonat einen Wasserball oder großen weichen Stoffball vor Ihrem Baby hin und her. Es wird sich bemühen, seinen Kopf zu halten, um den Ball mit den Augen zu verfolgen.
Im dritten Monat legen Sie den Ball vor Ihr Baby; es schlägt danach, übt dabei seine Augen-Hand-Koordination und freut sich sehr, wenn es ihn trifft.

Entdeckungsspiele

Was ist das?

Zeigen Sie Ihrem Baby verschiedene größere Gegenstände in verschiedenen Formen und klaren Farben. Benennen Sie die Dinge.
Auch verschiedene Muster findet es sehr interessant.

Was bewegt sich da?

In Streifen gerissenes Transparentpapier, das sich im Luftzug leicht bewegt, der Schein einer Taschenlampe im dämmerigen Zimmer – Ihr Baby ist fasziniert.

Punkt, Punkt, Komma, Strich

Ein einfaches Gesicht, auf einen Luftballon gemalt und an einer Schnur gehalten, gibt immer wieder neue Spielideen.

Wo ist es?

Nehmen Sie eine Rassel, führen Sie sie langsam aus Babys Blickfeld, und zeigen Sie sie dann wieder. Erzählen Sie Ihrem Baby dabei, was Sie tun.

Hörst du das?

Klingeln Sie mit verschiedenen Glöckchen, lauschen Sie gemeinsam mit Ihrem Baby aufmerksam. Hören Sie auch auf Geräusche von außerhalb, das Rauschen der Autos, das Zwitschern der Vögel, und erklären Sie Ihrem Baby diese Geräusche.

Steinchen und Murmeln

Füllen Sie im Beisein des Babys kleine Steinchen in einen Pappkarton und Murmeln in einen verschließbaren Joghurtbecher. Schütteln Sie dann abwechselnd rhythmisch.

Erste Spielsachen

- Mobile (auch selbst gebastelt aus Bändern, Papierfiguren ...)
- Bilder mit großen, klaren Motiven
- Spieluhr
- Quietschente
- Kuscheltier
- Stoffpuppe
- Wasserball
- Rassel
- Babyspiegel

Wichtig: Jedes Spielzeug muss kindersicher sein, d. h. es dürfen sich keine Kleinteile lösen, und es muss aus giftfreien und speichelfesten Materialien und Lacken hergestellt sein.

Lieder und Reime

Schlaflied

Schlaf, Kindlein, schlaf.
Der Vater hüt' die Schaf,
die Mutter schüttelt's Bäumelein,
da fällt herab ein Träumelein.
Schlaf, Kindlein, schlaf.

Streichelspiele

Komm her mein Bärchen,
ich streichle dein Härchen,
komm her mein Schneckchen,
ich streichle dein Bäckchen,
komm her mein Häschen,
ich streichle dein Näschen,
komm her mein Hündchen,
ich streichle dein Mündchen.

Da kommt ein Bär,
der tappt daher und fragt,
wo denn der/die ... [Name einsetzen] wär.
(Dabei mit zwei Fingern den Körper des Kindes hinaufwandern.)

Schaukelspiel

Es tanzt ein Bi-ba-butzemann
in unserm Haus herum, widibum.
Er rüttelt sich, er schüttelt sich,
er wirft sein Säckchen hinter sich.
Es tanzt ein Bi-ba-butzemann
in unserem Haus herum.

Tanzspiel

Kuckuck, Kuckuck, ruft's aus dem Wald.
Lasset uns singen, tanzen und springen,
Frühling, Frühling, wird es nun bald.

Das zweite Vierteljahr

Aus der Geborgenheit der sicheren Eltern-Kind-Beziehung heraus tritt das Baby zunehmend in Kontakt zu seiner Umwelt. Es reagiert auf die vielfältigen Eindrücke und entwickelt verschiedenste Kommunikationsmöglichkeiten. Und es beschäftigt sich ausdauernd mit sich selbst. Spiele, die Reaktionen erfordern und Beziehungen herstellen, gewinnen nun an Bedeutung.

Die körperliche Entwicklung

Bis Mitte des ersten Lebensjahres befasst sich das Baby nun vor allem mit sich selbst. Es macht körperlich große Fortschritte und entdeckt seinen eigenen Körper, zuerst die Hände und Finger, dann die Füße und Beine.

Körperhaltung und Beweglichkeit

Im vierten Monat streckt sich der Körper weiter, die Beugehaltung verliert sich zunehmend. Das Baby stützt sich auf dem Bauch liegend mit den Unterarmen ab. Zieht man es zum Sitzen an den Ärmchen hoch, hält es den Kopf selbstständig. Wenn es auf dem Bauch liegt, probiert es, Kopf, Arme und Beine gleichzeitig anzuheben und macht lebhafte Schaukelbewegungen.

Im fünften Monat rollt es sich vom Bauch auf den Rücken und kann schon kurzzeitig sein Körpergewicht selbst tragen, wenn man es unter den Achseln haltend auf die Füße stellt. Die volle Kopfkontrolle ist nun erreicht.

Im sechsten Monat stützt es sich in der Bauchlage auf die ausgestreckten Arme und hebt den Brustkorb von der Unterlage. Es lässt sich nun auch gern in Sitzhaltung hochziehen, kann aber noch nicht längere Zeit selbstständig sitzen.

Ein interessantes Spielzeug sind nun die Füßchen, die auch immer zum Mund geführt werden.

Das Greifen

Mit vier Monaten schüttelt das Baby eine Rassel, kann sie aber noch nicht aufheben. Es spielt mit seinen Händen. Mit fünf Monaten greift es nach allem, was sich in seiner Reichweite befindet und fasst nach großen Gegenständen mit beiden Händen. Mit sechs Monaten greift es gezielt nach Spielzeug und nimmt es fest in die Hand. Es kann auch einen Gegenstand von der einen in die andere Hand wechseln.

Zähne

Im zweiten Vierteljahr brechen bei manchen Babys bereits die ersten Zähnchen durch.

Die Sinne

Sehen und Hören

Das räumliche Sehvermögen entwickelt sich immer weiter. Das Baby schaut einem Spielzeug nach, das man fallen lässt. Dadurch lernt es, Höhen und Tiefen zu erfassen. Es kann Gegenstände nun schon lang und aufmerksam fixieren.

Geräuschquellen werden immer zielgerichteter ausfindig gemacht; das Baby dreht prompt den Kopf in die Richtung, aus der es ein Geräusch hört.

Alles, was Baby in die Hände bekommt, nimmt es in den Mund und erforscht es mit Lippen und Zunge, denn die Tastempfindung ist in diesem Bereich besonders stark ausgeprägt.

Tasten

So unterstützen Sie die körperliche Entwicklung

Beweglichkeit

- Legen Sie Gegenstände in Babys Reichweite, nach denen es greifen kann.
- Sprechen Sie es von der Seite oder von hinten an, damit es sich dreht. Das stärkt seine Rumpfmuskulatur.
- Ziehen Sie es immer mal wieder sanft aus der Rückenlage zum Sitzen hoch.
- Bei Schaukel- und Wiegebewegungen lernt es, den Kopf stabil zu halten.
- Im sechsten Monat können Sie es unter den Achseln halten und spielerisch nach oben und unten wippen.

Drehen und Rollen

- Wenn Ihr Baby auf dem Rücken liegt, geben Sie ihm Ihren Zeigefinger. Wenn es ihn umfasst, bewegen Sie Ihre Hand zur Seite – so animieren Sie Ihr Baby, sich auf die Seite zu rollen, und bald wird es sich weiter drehen, bis es auf dem Bauch liegt.

Greifen

- Geben Sie Ihrem Baby raschelndes Papier zum Zerknüllen.
- Geben Sie ihm immer wieder verschiedene Gegenstände – auch ganz alltägliche – zum Greifen.
- Spannen Sie eine Schnur mit verschiedenen Gegenständen über sein Bettchen.

Nicht zu früh sitzen!

Im ersten halben Jahr kann ein Baby noch nicht längere Zeit frei sitzen; es muss immer gut abgestützt werden – manche Kinder sitzen erst mit zehn Monaten frei. Abgestützt mit Kissen oder in der Wippe erweitert die Sitzhaltung allerdings seinen Sehradius ungemein. Doch auch abgestützt sollte es nur kurze Zeit sitzen, denn altersgemäße Bewegungserfahrungen macht es immer noch im Liegen.

Anregungen für die Sinne

Gleichgewichtssinn
- Rhythmische Bewegungen im Alltag auf Mutters oder Vaters Arm machen Spaß und schulen den Gleichgewichtssinn.
- Schaukeln und Wiegen bleiben ein wichtiges Erlebnis und beruhigen gleichzeitig.

Tastsinn
- Regelmäßige Massage und immer wieder Streicheleinheiten sind nach wie vor die beste Sinnesanregung.
- Vielfältige Fühlerfahrungen mit unterschiedlichen Materialien und Beschaffenheiten schulen den Tastsinn.

Seherfahrungen
- Neue Bilder, jetzt schon mit ersten Details, ergänzen die visuellen Anregungen aus dem ersten Vierteljahr.
- Ihr Baby ist sehr interessiert an Mustern: Teppichmuster, Handtuchmuster, Tapetenmuster ...
- Machen Sie Ihr Baby auf das Spiel von Sonne und Schatten aufmerksam.

Hören
- Binden Sie Ihrem Baby, wenn es munter ist, mal ein kleines Glöckchen um sein Beinchen.
- Das Plätschern von Wasser, das Hantieren mit Kochtöpfchen, das Brummen des Staubsaugers – lassen Sie Ihr Baby an allen Alltagsgeräuschen teilnehmen, erklären Sie sie ihm, und erleben Sie sie dabei auch selbst ganz bewusst.
- Pfeifen Sie Ihrem Baby ein Liedchen vor.
- Verstellen Sie mal Ihre Stimme, wenn Sie mit ihm sprechen.

Die soziale Entwicklung

Das Baby hat bereits wichtige Kommunikationsmuster aufgebaut und kann sich seinen Eltern schon gut verständlich machen. Es liebt die Gesellschaft anderer Menschen und weint, wenn man es allein lässt.

Kontaktaufnahme

Das Baby lächelt Menschen an, wenn sie mit ihm sprechen und spielen. Wenn es die Eltern sieht, zappelt es vor Freude. Mit sechs Monaten nimmt es „handfest“ Kontakt auf, indem es durch Hauen und Kratzen Beachtung sucht. Gegen Ende des ersten Lebenshalbjahrs kann bereits die Fremdelphase einsetzen (siehe Seite 101f.), in der das Baby zeitweise eine ausgeprägte Angst vor Fremden entwickelt.

Das Baby kann sich nun schon recht differenziert auf verschiedene Art mitteilen: durch Weinen und Schreien, Laute, Mimik und Gestik. Es reagiert auf freundliche bzw. ärgerliche Ansprache entsprechend mit Lächeln oder Wut.

Gefühle ausdrücken

Mit vier oder fünf Monaten wird das Baby zum ersten Mal vor Freude laut jauchzend lachen – ein wahrer Wonneproppen!

Jauchzen

Das Baby ist jetzt ein höchst geselliges Wesen und möchte bei allem, was die Eltern tun, dabei sein. Es reagiert dabei auch schon angemessen auf das Verhalten der Erwachsenen.

Immer dabei sein

So unterstützen Sie die soziale Entwicklung

Zuwendung

- Schmusen bleibt wichtig – die ganze Kindheit hindurch!
- Bleiben Sie als Eltern immer verlässliche, „berechenbare“ Bezugspersonen und liebevolle Spielpartner, gerade auch dann, wenn gegen Ende des sechsten Lebensmonats die Fremdelphase beginnt.
- Nennen Sie Ihr Kind immer wieder bei seinem Namen; dadurch entwickelt sich allmählich ein Gefühl für die eigene Persönlichkeit.

Prompte Reaktionen

- Zeigen Sie Ihrem Baby, dass Sie es beachten, und wenden Sie sich ihm immer wieder bewusst zu.
- Nehmen Sie die Kommunikationsformen Ihres Babys auf, ahmen Sie sie nach, und verstärken Sie sie.

Mimik und Gestik

- Keine Angst vor übertriebener Mimik und Gestik, wenn Sie sich mit Ihrem Baby unterhalten!
- Zeigen Sie ihm immer wieder neue Gesten, vor allem auch der Kontaktaufnahme. Strecken Sie ihm z. B. die Arme entgegen, wenn Sie auf es zugehen.

Geselligkeit

- Ihr Baby gewöhnt sich an Fremde, wenn es sie von Ihrem Arm aus begrüßen und erst mal in Ruhe betrachten kann.
- Stellen Sie Ihr Baby Fremden immer bewusst mit seinem Namen vor.
- Geben Sie Ihr Baby niemals einem Fremden gegen seinen Willen auf den Arm. Es muss sich auch nicht streicheln lassen!

Vertrauen Sie auf Ihre Intuition!

Lassen Sie sich im Umgang mit Ihrem Baby immer von Ihren Gefühlen und Ihrer Fantasie leiten: Knuddeln und herzen Sie es. Kitzeln Sie es, und kichern Sie mit ihm, wie es Ihnen gerade in den Sinn kommt. Dieses natürliche, spontane Verhalten ist besser als jedes „Förderprogramm“.

Die geistige Entwicklung

Erkunden und Erforschen von Gegenständen

Im zweiten Vierteljahr wird eine deutliche Hinwendung zur Welt erkennbar; das Baby ist zunehmend an der Umwelt interessiert. Durch die zunehmende Beweglichkeit und das Greifen-Können hat es die notwendigen Voraussetzungen erlangt, diese Welt zu be-greifen und sich zunehmend selbst anzueignen. Dieses Erforschen von Gegenständen ist ein wesentlicher Schritt in der geistigen Entwicklung und sollte nach Kräften gefördert werden.

Das Baby erkennt nun bekannte Dinge und Orte. Es versteht auch schon bestimmte Routineabläufe und wird z. B. aufgeregt, wenn es die Brust oder die Flasche sieht.

Wiedererkennen

Mit etwa fünf Monaten zeigt das Baby auch eine zunehmend längere Konzentration und beschäftigt sich ausdauernd mit einzelnen Gegenständen. Es kann fasziniert in ein Spiel vertieft sein.

Konzentration

Mit vier bis fünf Monaten lächelt das Baby sein Spiegelbild an, reagiert dann aber gegen Ende des sechsten Monats ebenso skeptisch darauf wie gegenüber Fremden.

Spiegelbild

Das Baby entwickelt bereits einen Sinn für Humor; es lacht gern und liebt lustige Situationen und – angenehme – Überraschungen.

Humor

Die Sprachentwicklung

Das Spiel mit Lauten beginnt. Das Baby bildet neue Silben, wie „la" und „gaga", und variiert auch Tonhöhe und Lautstärke. Es führt Selbstgespräche. Diese ersten Übungen sind unabhängig von der Muttersprache bei Babys auf der ganzen Welt gleich. Außerdem hat das Baby mit vier Monaten auch schon eine „eigene Sprache" aus verschiedensten Geräuschen entwickelt – es plappert, lacht, quietscht, jauchzt und macht damit auf sich aufmerksam.

Die ersten „Sprachübungen" sind bei allen Babys – unabhängig von der Muttersprache – gleich.

Man kann davon ausgehen, dass das Baby allmählich beginnt, Sprache zu verstehen. Es hört zu, nimmt die gehörten Laute auf, wiederholt sie und spielt mit ihnen.

Um sprechen zu lernen, muss das Kind vielfältige Bewegungen von Zunge, Lippen und Gaumen beherrschen. Diese übt es beim Saugen, Lecken, Blasen, Blubbern. Diese Fertigkeiten können Sie gemeinsam mit Ihrem Baby immer wieder spielerisch üben.

So unterstützen Sie die geistige Entwicklung

Neugierde stillen

- Geben Sie Ihrem Baby immer wieder unterschiedliche – sichere – Gegenstände in verschiedenen Formen und Farben zum Erkunden.
- Beschreiben Sie jeweils die Dinge, und erzählen Sie auch sonst immer, was Sie gerade tun bzw. was Ihr Baby gerade macht.
- Machen Sie es auf die verschiedensten Dinge in seinem Blickfeld aufmerksam: das Bild an der Wand, die Pflanze auf dem Fenstersims, das Muster des Teppichs ...

- Sie können mit Ihrem Baby bereits erste Bilderbücher mit großen Abbildungen betrachten.

Zusammenhänge erklären

- Machen Sie Ihr Baby auf Geräusche aufmerksam, die es hören, deren Quelle es aber nicht sehen kann. Erklären Sie ihm, woher das Geräusch kommt und welche Funktion es hat (Spülmaschine, vorbeifahrende Autos ...).
- Lassen Sie Ihr Baby mit einem Kochlöffel auf einen umgedrehten Topf schlagen. Begeistert wird es erkennen, dass es durch Draufschlagen selbst Geräusche erzeugen kann.
- Demonstrieren Sie Ihrem Kind, welche Geräusche man mit welchen Dingen machen kann (Rassel, ein mit Reis gefüllter Becher, eine Zeitung, zwei Löffel ...).
- Zeigen Sie Ihrem Baby, wie ein Gegenstand unter einem Tuch verschwindet und dann plötzlich wieder da ist.
- Lassen Sie Ihr Baby einmal zuschauen, wie Sie mit Wasserfarben und dickem Pinsel ein Bild malen. Es wird fasziniert die Bewegungen und entstehenden Linien betrachten.

Körperwahrnehmung unterstützen

- Kitzeln, Schmusen, Streicheln unterstützen die Entwicklung nach wie vor und machen dem Baby seinen eigenen Körper bewusst.
- Spielen Sie mit seinen Händchen, seinen Füßchen; führen Sie sie spielerisch zum Mund.
- Klatschen Sie vorsichtig mit seinen Händchen und Füßchen.

Bewusstsein der eigenen Persönlichkeit entwickeln

- Nennen Sie Ihr Kind immer bei seinem Namen; dadurch entwickelt sich bei ihm ein Gefühl für das eigene Ich, und bald wird es auf seinen Namen reagieren. Natürlich sind daneben auch Kosenamen erlaubt.
- Stellen Sie Ihr Kind anderen Menschen immer mit seinem Namen vor.
- Sprechen Sie gezielt über seine individuellen Bedürfnisse.
- Machen Sie es auf sein Spiegelbild aufmerksam.

Sprechen und Singen

- Kinderverse mit ausgeprägtem Rhythmus, Lieder und Reime machen dem Baby Spaß und fördern das Sprachverständnis.
- Fantasieverse, in denen der Namen des Kindes vorkommt, findet Ihr Baby besonders toll.
- Bilden Sie gemeinsam mit Ihrem Baby Laute. Brabbeln Sie mit ihm nach Herzenslust.
- Vermitteln Sie den Zusammenhang zwischen Wörtern und Inhalten auf nachhaltige Weise. Fassen Sie z. B. auf den Heizkörper, sagen Sie „heiß“, und ziehen Sie die Hand weg.

Rituale geben Sicherheit

Wenn sich im Alltag mit Ihrem Baby im zweiten Vierteljahr bereits eine gewisse Routine eingespielt hat und das Baby nun auch in der Lage ist, bekannte Abläufe wiederzuerkennen, ist es an der Zeit, erste feste Rituale einzuführen, d.h. Abläufe, die verlässlich immer wieder gleich ablaufen und dem Baby dadurch Sicherheit und einen festen Rahmen geben – z.B. die immer gleiche Begrüßungszeremonie beim morgendlichen Hochnehmen, die regelmäßige „Turnstunde“ am Vormittag, eine bestimmte Geschichte vor dem Einschlafen ...
Diese Rituale bleiben für das gesamte Kinderleben von großer Bedeutung.

Erste Gymnastik und Turnspiele

Gezielte Übungen fördern die Motorik und machen dem Baby Spaß.

Bewegung macht Spaß und fördert die Entwicklung. Deshalb kann ab dem dritten Lebensmonat bereits mit dem Baby „geturnt“ werden. Doch Vorsicht: kein falscher Ehrgeiz! Nur ganz sanfte, gezielte Übungen machen Sinn. Bitte überfordern Sie Ihr Baby keinesfalls. Denn ein Baby muss immer grundlegende Entwicklungsphasen erreicht haben, damit spezielle Übungen überhaupt gewinnbringend durchgeführt werden können. Und immer gilt: Der Spaß steht an oberster Stelle. Wenn das Baby keine Lust mehr hat, sollte man aufhören. Fünf bis zehn Minuten genügen anfangs vollauf. Geturnt wird am besten auf einer weichen Decke auf dem Boden in einem warmen Raum, damit das Baby sich nackt bewegen kann. Orientieren Sie sich bei den Übungen immer auch an den natürlichen Bewegungsabläufen Ihres Kindes, und halten Sie Blickkontakt. Führen Sie alle Bewegungen langsam, sanft und vorsichtig aus und vermeiden Sie ruckartige Bewegungen.

Ärmchen kreuzen

Fassen Sie die Ärmchen über den Handgelenken, und kreuzen Sie sie rhythmisch über dem Brustkorb. Strecken Sie sie dann seitlich nach außen. Diese Übung stärkt Arme und Schultern und dehnt den Brustkorb.

Hochziehen

Lassen Sie Ihr Baby Ihre Daumen umfassen, und halten Sie es mit Ihren Händen am Unterarm fest. Ziehen Sie es nun sanft nach oben; es wird den Kopf heben und die Bauchmuskeln anspannen. Nach einigen Sekunden lassen Sie Ihr Baby vorsichtig zurücksinken.

Beinchen anwinkeln und strecken

In der Rückenlage lassen Sie Ihr Baby durch wechselseitiges Anwinkeln und Strecken der Beinchen „marschieren“. Danach die Beine gleichzeitig anwinkeln und strecken. Das kräftigt die Bauchmuskulatur.

Mit Füßen und Händen klatschen

Nehmen Sie die Füßchen, und biegen Sie ganz langsam die Beine auseinander. Dann klatschen Sie behutsam die Fußsohlen aneinander. Dasselbe machen Sie mit den Handflächen.

Wippen

Schieben Sie die angewinkelten Knie Ihres Babys vorsichtig zur Brust, so dass Ihr Baby sich leicht wiegen kann.

Schubkarre

Legen Sie ein Spielzeug in Reichweite des Babys. Ihr Baby liegt auf dem Bauch, und Sie heben es nun an den Schenkeln an; es wird versuchen, auf das Spielzeug zuzukrabbeln. (Diese Übung eignet sich ab dem vierten Monat.)

Hopsen

Setzen Sie sich mit ausgestreckten Beinen auf den Boden, und nehmen Sie Ihr Baby unter den Armen senkrecht hoch. Lassen Sie es nun mit den Beinen Ihre Oberschenkel berühren; sobald es den Widerstand spürt, wird es sich abstoßen und zu „hopsen“ beginnen. Es beugt und streckt abwechselnd seine Beine. Halten Sie aber unbedingt das gesamte Gewicht Ihres Babys; es kann noch nicht auf eigenen Beinen stehen.

So machen Sie die Wohnung kindersicher

Wer Gefahrenquellen ausschaltet, beugt Unfällen vor und muss den Forscherdrang des Babys nicht durch ständiges „Nein“ ersticken.

Lieber zu früh als zu spät – machen Sie Ihre Wohnung krabbelsicher, bevor das Baby sich auf den Weg macht.

Am besten machen Sie einen Rundgang durch Ihre Wohnung und überlegen genau, was Ihr Baby alles anrichten kann, sobald es erst einmal mobil ist. Entfernen Sie Vasen und andere zerbrechliche Gegenstände; nehmen Sie Tischdecken vom Tisch, die es herunterziehen kann, sichern Sie freistehende Regale. Natürlich dürfen keine kleinen Gegenstände herumliegen, die es verschlucken kann. Versehen Sie scharfe Kanten mit einem Kantenschutz; Treppen werden mit einem Treppenschutzgitter versperrt, Glastüren mit Folie abgeklebt usw.

Achten Sie darauf, dass keine losen Kabel von Lampen und elektrischen Geräten herumliegen. In Steckdosen werden Sicherungen angebracht. Öfen und offene Kamine werden abgeschirmt, Balkontüren und Fenster immer geschlossen gehalten und am besten mit besonderen Sicherungen versehen. Besonderes Augenmerk gilt dem Fernsehgerät und der Musikanlage – hier experimentiert Ihr Baby sonst mit Vorliebe.

Lassen Sie besondere Vorsicht auch in Bad und Küche walten – hier lauern tausend Gefahren: von Verbrühungen mit heißem Wasser und Töpfen, die vom Herd gestoßen werden (Herdschutzgitter anbringen!) über Elektrogeräte wie Föhn oder Mixer bis zu Medikamenten, Scheren und Rasierklingen oder Körperpflege- und Putzmitteln, die Ihr Baby probieren könnte.

Achtung Pflanzen!

Pflanzen sind schön und machen das Zuhause wohnlich – keine Frage. Doch sie sind für das Baby auch ein interessantes Forschungsobjekt: Wie fühlen sie sich an, wie schmecken sie? Und wie herrlich kann man in der Blumenerde buddeln! Doch leider kann dies eine gefährliche Erfahrung werden, sind doch viele Pflanzen giftig oder haben Dornen. In der Blumenerde lauern Bakterien, und Dünger ist auch nicht gerade gesund! Deshalb ist es besser, in Babys aktiver Phase Pflanzen außer Reichweite zu stellen.

Spielideen

Im zweiten Vierteljahr befasst sich das Baby intensiv mit sich selbst und entdeckt seinen Körper. Dabei kann es sich bereits allein beschäftigen und sollte dabei auch nie gestört werden. Doch wenn es quengelt, braucht es Abwechslung – dafür eignen sich Spiele, die seinen Körper einbeziehen.
Auch der Bewegungsdrang bildet sich immer stärker heraus, das Baby will sich bewegen und bewegt werden – Turnspiele sind ideal. Das Erkunden des Gegenübers – von Haaren, Nase, Mund der Mutter oder des Vaters – ist ein beliebtes Spiel. Im sechsten Monat wird das Greifen zur vorrangigen Beschäftigung – daraus lassen sich viele Spiele improvisieren. Und als Dauerbrenner immer gefragt: Schmusespiele, Lieder, Reime, Tanzen auf Mamas Arm usw.

Berühr- und Schmusespiele

Das bist du Zärtlich mit dem Finger das Gesicht des Babys nachmalen und jeden Teil benennen: Das ist dein Mund, dein Näschen, die Augenbrauen ... Ebenso über den Rücken streichen bis hinunter zu den Füßen.

Nase trifft Nase Zärtlich die eigene Nase an der des Babys reiben, dann mit der Stirn Babys Stirn berühren, die Wange grüßt die Wange, das Ohr Babys Ohr, die Hand trifft auf die Hand ...

Was ist das für ein Tier? Mit den Fingern über den Körper des Babys wandern: mal bedächtig wie ein Bär, dann Haken schlagend wie ein Hase, auf leisen Tatzen wie ein Kätzchen, kribbelnd wie 1000 Ameisen ...

Nehmen Sie das Händchen, und streichen Sie zum folgenden Vers sanft über die Handinnenfläche, zum Schluss kitzeln Sie:

Fühlst du das?

Da hast 'nen Taler,
geh auf den Markt,
kauf dir 'ne Kuh,
und ein Kälbchen dazu.
Das Kälbchen hat 'n Schwänzchen –
didel, didel, dänzchen.

Suchspiele

Guck-guck-Spiele

Mit dem Baby schäkern und sich dann plötzlich hinter einem Stuhl verstecken. Und dann: Guck-guck, da bin ich.
Wiederum mit dem Baby spielen, dann ein leichtes Tuch kurzzeitig über seinen Kopf legen, Guck-guck rufen und es wieder wegziehen.

Wo ist mein Schatz?

Die Mutter/der Vater kommt ins Zimmer und sucht überall laut nach dem Baby: „Wo ist es denn?" – „Unter dem Tisch ist es nicht!" – „Im Schrank ist es auch nicht!"... Und schließlich: „Ja, da ist mein Schatz!"

Verschwindibus

Mit dem Baby mit einem Spielzeug spielen und es dann – schwupp – unter einer Decke oder einem Kissen verschwinden lassen – und schon ist es wieder da!

Greifspiele

Was ist denn das?

Stülpen Sie einen großen Plastikbecher oder eine Socke über den Fuß des Babys. Es wird sich bemühen, dieses Teil herunterzuziehen.

Ballspiel

Mit fünf oder sechs Monaten wird Ihr Baby einen großen Wasserball halten können und ihn Ihnen zurollen. Die Zeit der Ballspiele hat begonnen!

Geben und nehmen

Es macht Ihrem Baby viel Spaß, wenn Sie ihm immer neue Dinge in die Hand geben; sie ihm anbieten, spaßhaft zurückziehen und letztlich doch geben. Bald wird es auch Ihnen Dinge hinhalten.

Sinnenspiele

Rasselspiele

Schütteln Sie, wenn Sie Ihr Baby auf dem Arm haben, hinter einem Vorhang mit einer Rassel. Schieben Sie den Vorhang zur Seite, damit es sehen kann, woher das Geräusch kommt.

Halten Sie zwei verschiedene Rasseln (oder Glöckchen) mit unterschiedlichem Klang in jeder Hand. Rasseln Sie abwechselnd rhythmisch. Ihr Baby wird entzückt sein.
Legen Sie eine Rassel in eine Schachtel. Schütteln Sie diese. Nehmen Sie dann den Deckel ab, und lassen Sie das Baby die Rassel sehen. Bald wird es versuchen, selbst den Deckel abzunehmen.
Lassen Sie auch einmal einen Schlüsselbund rascheln – das metallene Geräusch wird Ihrem Baby gefallen.

Licht- und Schattenspiele Zaubern Sie mit einem Spiegel einen tanzenden Sonnenfleck an die Wand.
Lassen Sie im Dämmerlicht den Lichtkegel einer Taschenlampe über die Wand huschen.

Flüstertüte Mit den Händen einen Trichter bilden und dem Baby ins Ohr flüstern, mal lauter, mal leiser.

Erstes Konzert Auf einem Xylophon, einem Klavier oder einfach auf verschiedenen Töpfen unterschiedliche Töne erzeugen und das Baby auch einmal schlagen lassen.

Geplätscher Einem Springbrunnen lauschen oder selbst am Waschbecken ein „Plätscherkonzert" erzeugen.

Schnuppern Lassen Sie Ihr Baby mal vorsichtig an verschiedenen Gewürzen schnuppern.

Bewegungsspiele

Langsam – schnell Schmiegen Sie Ihr Baby an Ihren Körper; schleichen Sie leise und bedächtig durchs Zimmer, plötzlich laufen Sie los und kommen dann wieder zur Ruhe.

Rutschbahn Setzen Sie sich mit leicht angewinkelten Beinen und gestrecktem Rücken an eine Wand, und lassen Sie Ihr Baby auf Ihren Oberschenkeln Rutschbahn fahren (ab dem sechsten Monat).

Hoppe, hoppe Reiter Mit sechs Monaten können Sie mit Ihrem Baby auf dem Schoß bereits das Hoppe-Reiter-Spiel durchführen – natürlich stützen Sie Ihr Baby dabei gut ab.

Hol es dir

Sobald Ihr Baby sich drehen kann, legen Sie einen Ball an seine Seite. Es wird versuchen, ihn zu holen. Oder Sie befestigen ein Holzauto an einer Schnur, und ziehen es um das Baby – es ist bestimmt ganz aufgeregt!

Spielsachen, die Spaß machen

- Schmusetiere aus Plüsch und Stoffbälle
- Spieluhr
- Spielsachen, die beim Drücken, Schütteln, Saugen Krach machen, wie z. B. Rassel, Klingel, Quietschente
- Unterschiedliches Greif-Spielzeug: aus textilem Material, Holz, Kunststoff, Weiches, Warmes, Kaltes, Hartes, Rundes, Eckiges
- Spielzeuge, an denen sich Teile bewegen lassen.
- Ein Klöppelspiel mit bunten Holzstäben lädt zum Greifen ein und bringt Hörgenuss.
- Ein Baby-Trapez, übers Bettchen gespannt, ermöglicht vielfältige Greiferfahrungen und animiert zum Turnen.

Lieder und Reime

Zum Einschlafen

Guten Abend, gute Nacht,
mit Rosen bedacht,
mit Näglein [= Nelken] besteckt,
schlupf unter die Deck.
Morgen früh, wenn Gott will,
wirst du wieder geweckt.
Morgen früh, wenn Gott will,
wirst du wieder geweckt.

Fingernspiel

Zehn Finger haben wir.
Eins, zwei, drei, vier, fünf,
sechs, sieben, acht, neun, zehn.
Zehn Finger haben wir
an beiden Händen hier.
Seht, wie sie fröhlich sind.
Sie spielen mit jedem Kind,
beugen und strecken sich,
grüßen sich freundschaftlich,
legen sich Hand an Hand,
falten sich gewandt.
Wollen nun nichts mehr tun,
nur noch im Bettchen ruhn.

Mit den Fingern entsprechend spielen.

Berührungsspiel

Kommt eine Maus,
baut sich ein Haus,
kommt ein Mückchen,
baut sich ein Brückchen,
kommt ein Floh,
der macht so!

Mit den Fingern über den Körper des Babys krabbeln und „bauen", bei „so" am Hals kitzeln.

Schaukelspiel

Hoppe, hoppe Reiter,
wenn er fällt, dann schreit er!
Fällt er auf die Steine,
bricht er sich die Beine.
Fällt er in die Hecken,
holen ihn die Schnecken.

Fällt er in den Graben,
fressen ihn die Raben.
Fällt er auf die Wies',
geht's dem Reiter mies.
Fällt er in den Sumpf,
macht der Reiter plumps.

Tanzspiele

Ri-ra-rutsch, wir fahren mit der Kutsch.
Wir fahren mit der Schneckenpost,
wo es keinen Pfennig kost'.
Ri-ra-rutsch, wir fahren mit der Kutsch.

Zeigt her eure Füßchen,
zeigt her eure Schuh,
und sehet den fleißigen Waschfrauen zu.
Sie waschen, sie waschen,
sie waschen den ganzen Tag.

Das dritte Vierteljahr

Ihr Baby wird beinahe täglich mobiler, bald macht es sich selbst auf den Weg. Und es begreift die Welt immer besser: Der Zusammenhang von Ursache und Wirkung wird allmählich klar und eröffnet immer neue Experimentierfelder. Doch das Neue macht auch Angst – in der Fremdelphase braucht Ihr Baby besonderen Rückhalt und Sicherheit.

Die körperliche Entwicklung

In der körperlichen Entwicklung vollzieht sich nun ein beachtlicher Fortschritt: Baby wird mobil und zunehmend selbstständiger. Sein Forscherdrang treibt es in die Welt. Seine verbesserte Handgeschicklichkeit ermöglicht ihm das Untersuchen auch kleinerer Dinge. Nun ist nichts mehr vor ihm sicher.

Rollen und Krabbeln In der Bauchlage stützt das Baby im siebten Monat sein Gewicht mit einer Hand ab; manche Babys robben bereits ein Stückchen nach vorn. Aus der Rückenlage kann es sich auf den Bauch drehen. Im achten Monat werden erste Krabbelversuche unternommen, die dann im neunten Monat immer sicherer werden. Manche Babys krabbeln rückwärts besser, andere bewegen sich sitzend auf dem Po fort, manche überspringen das Krabbelstadium ganz. Bald beginnt das Baby nun auch, sich an Möbelstücken hochzuziehen.

Sitzen Im siebten bis achten Monat bleibt das Baby selbstständig sitzen und kann den Kopf nach beiden Seiten drehen. Allerdings sollte es vorsichtshalber noch abgestützt werden. Im neunten Monat ist der Gleichgewichtssinn so gut ausgeprägt, dass es schon längere Zeit frei sitzen kann, sich dabei wohlfühlt und spielen kann.

Handgeschicklichkeit Im siebten bis achten Monat kann das Baby in jeder Hand ein Spielzeug halten, es gegeneinander schlagen und es auch bewusst loslassen. Auch der Pinzettengriff entwickelt sich: Das Baby kann mit Daumen und Zeigefinger kleine Gegenstände aufnehmen. Im neunten Monat kann das Kind auch von links nach rechts und umgekehrt greifen.

Die Zähne Im dritten Vierteljahr brechen bei den meisten Kindern die ersten Zähnchen durch: zuerst die beiden unteren Schneidezähne, dann die oberen vier. Gerne kaut das Baby nun Brotrinde oder Zwieback.

Die Sinne

Wahrnehmung Das Hörvermögen ist von Geburt an sehr gut ausgebildet. Durch die zunehmende Konzentrationsfähigkeit lauscht das Baby nun aber auch gebannt auf leise Töne und Geräusche, z. B. das Ticken einer Uhr oder das Summen eines Geräts. Das räumliche Sehen verbessert sich stetig und lässt das Baby – in Kombination mit der zunehmenden Neugierde – auf Details achten.

Tasten Durch die schon weit entwickelte Fingerfertigkeit ergeben sich immer neue Tasterfahrungen. Auch kleine Dinge werden untersucht, Größenverhältnisse ertastet und verschiedenste Beschaffenheiten wahrgenommen.

So unterstützen Sie die körperliche Entwicklung

Beweglichkeit

- Wippen, Schaukeln und Tanzen auf Mamas oder Papas Arm machen Spaß und schulen den Gleichgewichtssinn.
- Halten Sie Ihrem auf dem Rücken liegenden Baby bunte Spielsachen hin, damit es den Kopf heben muss, wenn es danach greifen will.
- Setzen Sie sich ein Stück von Ihrem Kind entfernt hin, strecken Sie die Arme nach ihm aus, rufen Sie seinen Namen, oder halten Sie ihm ein Spielzeug hin, so dass es ermuntert wird, zu Ihnen zu robben (ab dem achten Monat).
- Lassen Sie Ihrem Baby viel Bewegungsfreiheit, um in Ruhe seine körperlichen Fertigkeiten ausprobieren und seinem Forscherdrang nachgeben zu können.
- Helfen Sie Ihrem Baby beim „Robbenlernen“, indem Sie mit Ihrer flachen Hand behutsam gegen seine Fußsohle drücken, wenn es auf dem Bauch liegt.
- Wenn Ihr Kind etwa neun Monate alt ist, helfen Sie ihm, sich an Möbelstücken festzuhalten und das Gewicht auszubalancieren.

Greifen

- Geben Sie den Händen immer „schwierigere“ Aufgaben: Lassen Sie sie verschiedenste Dinge ertasten und erfühlen.
- Lassen Sie Ihr Baby seine Trinkflasche selbst halten.
- Lassen Sie es selbst mit einem Löffel essen.
- Geben Sie ihm Becher zum Bauen und große Bauklötze.
- Lassen Sie es mit Küchenutensilien hantieren.
- Lassen Sie es Schubladen ausräumen (die Sie natürlich zunächst auf gefährliche Kleinteile überprüft haben)
- Geben Sie ihm Eimerchen und verschiedene Utensilien zum Einräumen, Ausräumen, Umkippen.
- Matschen macht jetzt schon Spaß – mit Sand, Mehl, weicher Knete!

Bewegung nicht forcieren

Bitte denken Sie immer daran: Jedes Baby hat sein eigenes Entwicklungstempo. Gerade im zweiten Lebenshalbjahr tritt das Temperament immer deutlicher zutage: Das eine Baby will möglichst schnell weg vom Fleck, das andere ist ein eher gemütlicher Typ und betrachtet die Welt interessiert. Über die spätere Intelligenz sagt es gar nichts aus, in welchem Alter ein Kind krabbeln oder laufen lernt.

Die soziale Entwicklung

Das Baby ist nun ein ausgesprochen soziales Wesen: Es liebt die Gesellschaft anderer Menschen, beobachtet das Tun anderer fasziniert, unterscheidet aber klar zwischen bekannten und unbekannten Menschen, die es dann, in der Fremdelphase, heftig ablehnt. Das Bewusstsein eines eigenen Ich, des Getrennt-Seins von der Mutter bildet sich heraus.

Aufmerksam-Machen Durch vielfältige Körpersprache und Mitteilungsformen macht das Baby auf sich aufmerksam. Es fordert Zuwendung und Unterhaltung: durch Plappern, Quieken, Grunzen, kurze Schreie, ausgeprägte Mimik und Gestik.

Lust an Gesellschaft Das Baby sucht nicht nur die Gesellschaft Erwachsener, sondern betrachtet auch interessiert Babys und versucht sie zu berühren; auch von älteren Kindern ist es fasziniert.

Ich-Entwicklung Das Baby hat zu seinen Bezugspersonen eine enge Beziehung aufgebaut. Es weiß, dass es ein von der Mutter getrenntes Wesen ist. Mit etwa acht Monaten kennt es seinen Namen und reagiert darauf. Es entwickelt allmählich eine Vorstellung seiner eigenen Persönlichkeit. Dazu gehört auch, dass es Verlassenheitsängste erlebt, wenn es von seinen Bezugspersonen getrennt wird. Das Fremdeln, das meist etwa im achten Monat beginnt, markiert diese Entwicklung.

Ein eigener Wille Schon mit sieben Monaten will das Baby seinen Willen durchsetzen; es will unabhängig sein, demonstriert Vorlieben und Abneigungen und schreit, wenn es sein Köpfchen nicht durchsetzen kann. Mit acht, neun Monaten ist ihm der Sinn des Wörtchens „nein“ bewusst.

So unterstützen Sie die soziale Entwicklung

Sicherheit und Geborgenheit sind die Grundpfeiler einer stabilen Persönlichkeitsentwicklung.

- Körperliche Zuwendung mit Zwiegesprächen, Schmusen, Berührungsspielen bleibt von größter Bedeutung.
- Gehen Sie immer auf die Kommunikationsangebote Ihres Babys ein; nehmen Sie seine „Sprachformen“ auf, geben Sie Antwort.
- Sagen Sie schon jetzt klar und deutlich „Nein“, wenn Ihr Baby gesetzte Grenzen überschreiten will.
- Fördern Sie zwar Kontakte zu anderen Menschen, zwingen Sie Ihr Baby aber niemals gegen seinen Willen in die Obhut fremder Menschen.
- In einer Krabbelgruppe schließt das Baby erste Kontakte mit anderen Kindern.

- Achten Sie auf die immer deutlicher zutage tretende Persönlichkeit Ihres Kindes, und respektieren Sie sie. Nur wenn sich ein Kind von klein auf in seinem Wesen angenommen fühlt, kann es sich gut entwickeln.
- Lassen Sie dem Forschergeist freien Lauf, aber drängen Sie Ihr Kind nicht; sonst wird es leicht überfordert und entwickelt Ängste.

Fremdeln – Angst vor der eigenen Courage?

Trennungsangst und Fremdeln setzen zwischen sechs und neun Monaten ein – Garantie für eine starke Bindung.

Plötzlich, ungefähr mit acht Monaten, wird aus dem draufgängerischen Wesen, das jeden Fremden anstrahlt, ein kleiner „Angsthase“: Taucht ein Unbekannter auf, wendet sich das Kind ab und fängt sogar an zu weinen. Manchmal reagiert es sogar auf den Vater oder die Großeltern in dieser Weise. Das Kind fremdelt. Am liebsten möchte es den mütterlichen Arm nicht mehr verlassen.

Zugrunde liegt dem Fremdeln zum einen eine erwachende Verlassenheits- und Trennungsangst, zum anderen ein zunehmendes Ich-Bewusstsein. Die Trennungsangst empfindet das Kind, sobald die Mutter nicht im Blickfeld ist – es sind tiefe Einsamkeitsgefühle, die in der Zeit zunehmender Mobilität und Selbstständigkeit die weiterhin lebenswichtige Bindung an die Bezugspersonen sicherstellen.

Das Fremdeln zeigt, dass das Kind nun klar zwischen bekannten und unbekannten Personen unterscheiden kann und auch die Liebe zu den bekannten Bezugspersonen spürt. Außerdem empfindet es zunehmend seine eigene Persönlichkeit und muss sich gegen Fremde abgrenzen.

Außerdem hat das Fremdeln eine ähnliche Funktion wie die Trennungsangst: Es sorgt dafür, dass das Kind, auch wenn es sich nun selbstständig von den Eltern entfernen kann, weiterhin in deren Nähe bleibt und so sein Wohlergehen sichert.

Interessant ist, dass Trennungsängste wie auch Fremdeln bei jedem Kind je nach Alter, Persönlichkeit und Lebensumständen unterschiedlich stark ausgeprägt sind. Das Fremdeln setzt bei manchen Kindern bereits mit sechs Monaten ein und kann bis zu zweieinhalb Jahren andauern; Höhepunkt ist in der Regel im achten, neunten Lebensmonat. Kinder aus einer Großfamilie bzw. Kinder, die im ersten Lebensjahr viele soziale Kontakte hatten, fremdeln weniger als Kinder aus Kleinfamilien.

Bitte respektieren Sie unbedingt das Fremdeln Ihres Kindes; zwingen Sie es nicht in fremde Arme, sondern lassen Sie ihm immer Zeit, den Unbekannten aus der Geborgenheit des mütterlichen – oder väterlichen – Arms in Ruhe zu betrachten – aus einiger Distanz.

Die geistige Entwicklung

Das Kind lernt in diesem Alter enorm schnell – zum einen durch Nachahmung, zum anderen durch das zunehmende Verständnis von Ursache und Wirkung. Voraussetzung für den Lernerfolg ist die inzwischen gut ausgebildete Merk- und Gedächtnisfähigkeit. Dabei gilt nach wie vor: Das Baby lernt nicht isoliert über den Kopf, sondern mit allen Sinnen und ganz besonders durch „Be-greifen" – das Baby „denkt" mit den Händen. Das Erkunden mit den Händen wird allmählich wichtiger als das Erkunden mit dem Mund.

Gedächtnis und Merkfähigkeit
Das Gedächtnis entwickelt sich rapide: Wenn ein Spielzeug aus dem Blickfeld ist, weiß das Kind, dass es trotzdem noch „da" ist. Es kann sich plötzlich daran erinnern und danach suchen. Suchspiele sind nun besonders beliebt. Es erkennt auch Spiele und Reime wieder und kann alltägliche Abläufe und Rituale antizipieren, z. B. die Hände ausstrecken, damit sie gewaschen werden oder zum Abschied winken usw.

Ursache – Wirkung
Der kleine Forscher erkennt allmählich den Zusammenhang von Ursache und Wirkung: Wenn ich ein Spielzeug loslasse, fällt es nach unten. Dank dieses vorausschauenden Denkens kann nun ein endloses Spiel beginnen. Diesen Mechanismus – und damit seine eigene Macht, Dinge geschehen zu lassen – entdeckt das Baby in zahllosen Situationen.

Detailbewusstsein
Mit etwa acht Monaten untersucht das Baby auch Details immer genauer und zwar nicht nur mit den Händen, sondern zunehmend auch durch ausgiebiges „Studieren" mit den Augen. Dadurch lernt es seine Welt immer gründlicher kennen.

Verstehen von Wörtern
Das Baby lernt allmählich die Bedeutung von Wörtern; mit etwa sieben Monaten erkennt es seinen eigenen Namen und reagiert darauf. Es versteht ebenso den Sinn des Wörtchens „nein".

Planendes Handeln
Das Tun ist zunehmend vom Willen geleitet; das Baby bewegt sich z. B. bewusst auf Spielsachen zu, die außerhalb seiner Reichweite liegen.

Taktieren
Die Fähigkeit zum bewussten Handeln führt auch dazu, dass das Baby nun auch versucht, immer häufiger seinen eigenen Willen durchzusetzen und bewusst zu taktieren, um zu erreichen, was es will. Erziehung und

Konsequenz werden wichtig – auch wenn dieses kleine Willensbündel noch so süß ist!

Das Baby kann sich nun schon ausdauernd allein in ein Spiel vertiefen. Es beschäftigt sich gründlich mit einer Sache, bis es sie sich ganz angeeignet hat. Diese erhöhte Aufmerksamkeit und Konzentrationsfähigkeit ermöglicht nachhaltige Lernerfahrungen.

Konzentrationsfähigkeit

Die Sprachentwicklung

Das Plappern macht dem Baby großen Spaß, es ist sehr erfinderisch und kreiert immer neue Lautgebilde. Deutlich sind erste Silben zu hören: „ma", „ba", „da". Auch nasale Laute werden erkennbar. Das Baby setzt seine „Sprache" gezielt zur Kommunikation ein und wartet auf Antwort; mit einem bestimmten „Ruf" holt es die Eltern herbei. Mit acht, neun Monaten erweitert es sein Lautrepertoire um die Konsonanten „t", „d" und „w". Im neunten Monat entwickelt sich die Sprache immer schneller, und das Kind reiht immer mehr Silben aneinander: Manche Kinder kombinieren nun auch schon unterschiedliche Silben, z.B. ma-da-di-buh.

Das Sprachverständnis wächst im zweiten Lebenshalbjahr sehr schnell.

Im neunten Monat erkennt das Baby, wie es mit Lautstärke und Tonfall spielen kann. Es flüstert, ahmt die Melodie gesprochener Sprache nach und verfolgt aufmerksam die Unterhaltung Erwachsener.

Das Baby begreift zunehmend die Bedeutung von Wörtern; mit neun Monaten kann es bereits einfache Befehle befolgen, z. B. zum Abschied winken.

So unterstützen Sie die geistige Entwicklung

- Spielen Sie mit Ihrem Kind. Spielen ist lernen – dabei entwickelt das Kind seine geistigen Fähigkeiten.

Spielen ist Lernen

- Aus beinahe jeder Alltagsverrichtung kann ein Spiel werden – seien Sie erfinderisch.
- Bieten Sie ihm immer wieder neue Erfahrungen – in jedem Bereich.

Neue Erfahrungen

- Lassen Sie sich bei der Auswahl der Angebote immer von den Bedürfnissen des Babys leiten.
- Untersuchen Sie gemeinsam mit dem Baby bewusst Ihre Wohnung: Was bietet das Badezimmer Interessantes, was gibt es im Wohnzimmer zu entdecken, im Flur ...?
- Sinnliche Erfahrungen bleiben die wichtigsten Lernanregungen.
- Geben Sie Ihrem Kind die Möglichkeit, erste „Experimente" zu machen: mit dem Löffel in den Brei patschen – toll, wie es spritzt!

Erste Experimente

- Mit einem dicken Pinsel erste Striche auf ein Stück Papier tupfen ...
- Geben Sie ihm verschiedenste Utensilien, und lassen Sie es damit hantieren.
- Umfüllen und Schütten machen Baby einen Riesenspaß!
- Hineinstecken und Herausholen – z. B. einen Löffel in einen Becher – sind faszinierend.

Geräusche machen

- Mit einem Kochlöffel auf den Topf schlagen, mit einem Bauklotz über den Tisch ratschen ... Auf diese Weise lernt Ihr Baby den Zusammenhang zwischen Ursache und Wirkung kennen.

Vielfältige Details

- Geben Sie Ihrem Baby zunehmend Gegenstände mit kleinen Details zum Erkunden. Das müssen keine Spielsachen sein – Haushaltsgegenstände, von denen das Kind sieht, wie sie im Alltag benutzt werden, regen oft viel stärker an. Aber Vorsicht: bitte immer auf die Sicherheit achten.

Nachahmung

- Geben Sie Ihrem Kind die Möglichkeit, Ihre Tätigkeiten nachzuahmen: Beim Kochen bekommt es auf dem Boden Topf und Kochlöffel, beim Zusammenfalten der Wäsche darf es helfen; es kann mit einem Babytelefon auch schon telefonieren ...

Sprachverständnis

- Seien Sie ein gutes Sprachvorbild! Sprechen Sie langsam, deutlich und akzentuiert mit Ihrem Baby.
- Schauen Sie Ihr Baby beim Sprechen immer an.
- Untermalen Sie die Bedeutung der Wörter mit Mimik und Gestik.
- Gehen Sie auf die Sprachspiele Ihres Babys ein; plappern Sie mit ihm, und lassen Sie sich auf seine „Gespräche“ ein.
- Benennen Sie die Dinge in seiner Umgebung.
- Kommentieren Sie Ihre und seine Tätigkeiten und Handlungen.
- Singen, Reime und Vorlesen sind von unschätzbarem Wert.

Essen – ein köstliches Vergnügen

Essen ist mehr als Ernährung – es ist ein Genuss für alle Sinne.

Manche Babys schauen schon mit vier Monaten gierig auf den Teller der Eltern, andere würden sich am liebsten noch mit neun Monaten ausschließlich an Mutters Brust ernähren: Wie in allen anderen Bereichen entwickelt auch beim Essen jedes Baby von klein an seine Vorlieben.

Spätestens mit sechs, sieben Monaten ist es jedoch soweit – Baby bekommt Beikost, und sobald die ersten Zähnchen da sind, auch etwas zu „beißen“. Das Essen bietet dem Baby eine Menge neuer Erfahrungen:

- Die Mundmotorik wird durch neue Bewegungen, die das Essen vom Löffel erfordert, trainiert.
- Der Duft der Speisen steigt dem Baby in die Nase.
- Zunge und Gaumen erleben neue Konsistenzen – wie der Keks im Mund weich wird, wie der weiche Brei hinunterrutscht, wie man ein Stück Banane mit der Zunge zerdrücken kann ...
- Nach all der Milch nun neue Geschmackserlebnisse – schon jetzt gibt es eindeutige Vorlieben.
- Und natürlich haben auch die Augen viel zu schauen – vor allem, wenn schon die ersten Speisen lustig angeboten werden.
- Herrlich, wenn Baby sein Essen auch anfassen darf. Mal in den Brei patschen, die Banane zermanschen – welch wunderbare Tasterfahrungen!
- Selber essen fördert die Selbstständigkeit.
- Wenn das Baby im Hochstuhl am Familientisch sitzt und allmählich an den Familienmahlzeiten teilnimmt, gehört es „richtig“ dazu – eine wichtige soziale Erfahrung.

Vom Löffel essen – gar nicht so einfach!

Zwar ist die Mundmotorik nun so weit entwickelt, dass das Baby die Speisen vom Löffel „nach innen“ befördern kann, doch wird es anfangs dabei sabbern und prusten und einen Teil wieder hinausbefördern. Das ist keine Absicht, denn das Baby muss erst einmal lernen, bewusst zu schlucken. Doch Geduld – jedes Baby schafft es! Essen soll Spaß machen! Bieten Sie Ihrem Baby altersgemäße, abwechslungsreiche Kost an, und gehen Sie das Essen locker an. Dann wird Ihr Baby ausreichend Nährstoffe zu sich nehmen und das Essen als großes Vergnügen betrachten. Kleckern, Manschen und Sabbern gehören dazu. Ein großes Lätzchen um den Hals und eine Wachsdecke auf dem Boden – dann darf selbst gegessen werden, am besten im Kreise der Familie.

Spielideen

Das aktive Tun rückt in den Vordergrund. Das Baby ist mit Hören und Sehen nicht mehr zufriedenzustellen, es will die Dinge selbst bewegen. Wenn Ihr Baby um den achten Monat herum selbst sitzen kann, erweitern sich die Spielmöglichkeiten ungemein. Die Spiele werden von Sprechen und Singen begleitet; auf diese Weise entwickelt sich beim Spielen gleichzeitig das Sprachverständnis.

Bewegungsspiele

Reiterspiele Reiterspiele, bei denen das Kind auf dem Schoß des Erwachsenen reitet, sind Babys große Wonne. „Hopp, hopp, hopp, Pferdchen lauf Galopp" kennt wohl jeder. Sie können aber auch alle möglichen Spiele und Texte spontan erfinden. Den größten Spaß machen sie dem Kind, wenn sich dabei der Rhythmus ändert und das Kind auf dem Schoß auf und nieder hopst.

Hopp, hopp, hopp,
Pferdchen lauf Galopp.
Über Stock und über Steine,
tu dir ja nicht weh die Beine!
Immer im Galopp,
hopp, hopp, hopp, hopp!

Hindernislauf Wenn Ihr Baby mobil wird, macht es ihm Spaß, all seine Möglichkeiten der Fortbewegung auszutesten. Bauen Sie ihm einen kleinen Hindernislauf auf: eine Mauer aus ein paar Kissen, eine „Welle" aus einer zusammengerollten Decke, eine leere Waschpulvertrommel zum Umgehen ... und dann robben Sie erst mal voraus!

Tierpark Nehmen Sie Ihr Baby auf den Arm. Stolzieren Sie mit ihm mit großen Storchenschritten durch das Zimmer, dann hüpfen Sie gemeinsam wie ein Känguru zurück, huschen wie ein Mäuschen in ein Loch ... welches Tier kommt nun?

Backe, backe Kuchen Auch Bewegungsspiele, die verschiedene körperliche Aktivitäten zu Musik einbeziehen, machen nun schon Spaß, z. B. das „ganzkörperliche" Kuchenbacken und das Klatschen:

Backe, backe Kuchen,
der Bäcker hat gerufen.
Wer will guten Kuchen backen,
der muss haben sieben Sachen:
Eier und Schmalz,
Zucker und Salz,
Milch und Mehl.
Safran macht den Kuchen gehl [= gelb].
Schieb, schieb in Ofen rein.

Krabbelspiele

Ich bin ein Hund, ich bin eine Katze

Ein wunderschönes Krabbelspiel: Sie krabbeln auf allen Vieren, spielen Hund oder Katze. Sanft schleichen Sie um Ihr Baby, scharren dann heftig, bellen oder miauen. Irgendwann bellt der „Baby-Hund" zurück, beide Hunde spielen miteinander oder jagen sich.

Autospiel

Mit viel Motorengebrumm krabbeln Sie auf allen Vieren durch die Wohnung, legen sich scharf in die Kurve ... Baby krabbelt bald hinterher.

Slalom

Verteilen Sie verschiedene Hindernisse im Raum, stellen Sie Stühle auf, unter denen das Baby durchkrabbeln kann, und dann geht's im Slalom los!

Krabbelfangen

Krabbeln Sie los, und sagen Sie Ihrem Baby, es solle Sie fangen. Bald geht es umgekehrt – Ihr Baby krabbelt los, dreht sich um, blickt Sie herausfordernd an und flitzt davon.

Spiele mit den Händen

Musikmachen

Töne erzeugen ist wunderbar und schult die Finger und das Gehör. Spielen Sie mit Ihrem Kind Orchester: eine Trommel, die mit den Fingern oder mit einem Stab bearbeitet wird, eine Rassel, ein Glöckchen – variieren Sie gemeinsam Rhythmus und Lautstärke, und freuen Sie sich beide an Ihrer „Musik".

Baumeister

Bausteine sind nun der Renner – aus Holz, Plastik, ganz nach Belieben. Ein tolles Spiel: einen Turm bauen und ihn wieder umwerfen. Das poltert herrlich. Mit Bausteinen kann man auch noch vieles andere machen: sie aneinander klopfen oder aneinander reiben – aus allem kann ein Spiel werden.

Wurfspiel Runterwerfen ist ungefähr im neunten Monat Babys größte Wonne. Stellen Sie neben den Hochstuhl eine große Tonne, und geben Sie Baby die verschiedensten Dinge auf sein Tischchen: Bauklötze, Löffel, Stofftier, Schlüssel … Trifft es hinein?

Sinnvolle Spielsachen

- Bewegliche Spielsachen zum Kullern, Rollen, Schieben: großer Ball, Auto, Eisenbahn, Wackeltier mit Schnur zum Nachziehen
- Materialien zum Bauen: große Becher, Bauklötze aus Holz oder Plastik …
- Erste Bilderbücher mit großen, deutlich konturierten Abbildungen
- Fühl- und Tastbücher
- Spielsachen für die Badewanne: Gießkanne, Schiffchen, Entchen, Becher …
- Erste Kinderinstrumente: Trommel, Xylophon …
- Küchenutensilien
- Schachteln u. Ä. zum Einfüllen und Verstecken

Suchspiele

Weg ist es! Zeigen Sie Ihrem Baby verschiedene Gegenstände, und lassen Sie sie dann hinter Ihrem Rücken verschwinden. Wie reagiert es? Stück für Stück holen Sie die einzelnen Dinge mit lautem Hallo wieder hervor.

Versteckspiel Setzen Sie sich mit Ihrem Krabbelbaby auf den Boden. Legen Sie verschiedene Spielsachen aus, und decken Sie sie einzeln mit Tüchern ab. Was macht Ihr Baby? Findet es alles wieder?

Forscherspiele

Luftballon-Musik Blasen Sie einen Luftballon auf, und erzeugen Sie mit dem Ballon die verschiedensten Quietschgeräusche. Dann lassen Sie langsam die Luft entweichen; richten Sie dabei den sanften Luftstrahl auf das Baby. Fasziniert erlebt es dieses Zusammenspiel.

Schnuppererfahrungen Sensibilisieren Sie Ihr Baby für die verschiedensten Gerüche. Machen Sie einen „Duft-Spaziergang“ durch die Wohnung. Was gibt es wo zu schnuppern? Die Blumen im Wohnzimmer, der Duft der frisch gewaschenen Gardinen, die vielen Mittelchen im Bad … Und was bietet erst die Küche! Beschreiben Sie Ihrem Baby die Gerüche, achten Sie darauf, welche ihm besonders zusagen, bei welchen es sich abwendet und wo es besonders neugierig wird.

Was ist denn das?

Erkunden Sie mit Ihrem Baby ganz bewusst die Wohnung. Gehen Sie von einem Zimmer ins andere, untersuchen Sie bestimme Gegenstände, erklären Sie Ihrem Baby, wie sie funktionieren und wofür man sie braucht. Knipsen Sie den Lichtschalter an, machen Sie das Baby auf das angehende Licht aufmerksam ... Bald wird es diese tollen Tätigkeiten selbst ausüben wollen.

Fallen-Lassen

Ihr Baby kann nun bewusst loslassen und hat damit ein absolutes Lieblingsspiel. Alles, was in Händen gehalten wird, wird runtergeworfen: der Löffel, der Schnuller, das Fläschchen, die Rassel ... Vergnügt verfolgt es mit den Augen den Fall. Auch wenn es Eltern oftmals nervt: Baby will die Eltern nicht ärgern, sondern „forscht". Es lernt dabei Wesentliches über Ursache und Wirkung und seine eigene Fähigkeit, Dinge geschehen zu lassen.

Wasserspiele

Schütten und Gießen

Geben Sie Ihrem Kind beim Baden verschiedene Gefäße und Kännchen zum Füllen, Umschütten, Gießen. Zeigen Sie ihm, wie das Wasser durch ein Sieb tropft. Machen Sie aus den verschiedenen Aktivitäten Spiele, indem Sie sich z.B. vom Baby „Kaffee" in eine Tasse einschenken lassen usw.

Prusten

Wenn Sie mit Ihrem Baby in der Badewanne sitzen, tauchen Sie Ihr Gesicht unter Wasser und blasen dann ins Wasser – wie es blubbert! Fasziniert wird Ihr Baby zuschauen und schließlich selbst prusten – prusten Sie um die Wette!

Schaumberge

Eine Wonne für Eltern und Kind und herrliches Spielmaterial: ein Schaumbad in der Wanne. Was lässt sich mit dem Schaum nicht alles anstellen: Berge anhäufen, schillernde Fenster erzeugen, dahinter Versteck spielen, blasen und prusten ...

Fingerspiele

Das ist der Daumen,
der schüttelt die Pflaumen,
der hebt sie auf,
der trägt sie nach Haus,
und der kleine Schlingel
isst sie alle auf.

Daumen bück dich,
Zeigefinger streck dich,
Mittelfinger reck sich,
Ringfinger heb dich,
Kleiner duck dich.

Zehn kleine Zappelmänner
zappeln hin und her.
Zehn kleinen Zappelmännern
fällt das gar nicht schwer.
Zehn kleine Zappelmänner
zappeln auf und nieder.
Zehn kleine Zappelmänner
tun das immer wieder.
Zehn kleine Zappelmänner
sind auf einmal weg.

Es saßen zwei Tauben auf dem Dach.
Die eine flog weg,
die andere flog weg,
die eine kam wieder,
die andere kam wieder.
Da saßen sie alle beide wieder.

(Bei allen Fingerspielen mit den Fingern die beschriebenen Bewegungen ausführen.)

Das vierte Vierteljahr

Das erste Lebensjahr ist bald vollendet. Aus dem winzigen Neugeborenen ist eine kleine Persönlichkeit geworden, die mit Feuereifer die Welt entdeckt und erobert und die Eltern ständig fordert, aber auch begeistert. Die Spielmöglichkeiten werden nun immer vielfältiger.

Die körperliche Entwicklung

Die sich ständig verbessernde Mobilität bestimmt die letzten Monate des ersten Lebensjahres. Da sich auch Babys Geschicklichkeit verfeinert, wird es immer selbstständiger und unternehmungslustiger.

Sitzen, Krabbeln und „Bärengang"

Im zehnten Monat kann sich das Baby von der Rückenlage allein aufsetzen und sich etwa im elften Monat an Möbeln zum Stehen hochziehen. Mit zehn bis elf Monaten kann es etwa zehn Minuten frei sitzen. Die Sitzhaltung wird in den folgenden Wochen perfektioniert, so dass das Baby schließlich mit geradem Rücken und leicht angewinkelten Beinen sitzt. Gegen Ende des zehnten Monats beherrschen die meisten Babys den Vierfüßlerstand und kommen durch die Gewichtsverlagerung von den Armen auf die Beine und umgekehrt zum Krabbeln, das bis Ende des ersten Lebensjahres perfektioniert wird. Als Nächstes probiert das Kind den so genannten Bärengang; dabei bewegt es sich mit gestreckten Armen und Beinen auf allen Vieren fort, den Boden berührt es nur noch mit den Füßen und den Handflächen.

Hochziehen und Stehen

Wenn das Baby krabbeln kann, wird das Stehen seine nächste Herausforderung. Etwa im neunten bis zehnten Monat kann das Baby sein Gewicht auf seinen Füßen tragen. Diese Fähigkeit animiert es, sich nun immer wieder an Möbelstücken oder an den Stäben seines Gitterbettchens hochzuziehen. Allerdings kann es sich noch nicht selbstständig wieder hinsetzen, sondern plumpst oft recht unsanft auf seinen Po. Oder es brüllt stehend los und ruft damit die Eltern zu Hilfe.

Laufen lernen

Wenn das Baby etwa im elften, zwölften Monat stehen kann, beginnt die Zeit des Laufenlernens. Natürlich braucht es dazu zunächst sicheren Halt. So hangelt es sich anfangs vorsichtig an Möbelstücken entlang oder wagt einige Schritte an Mutters oder Vaters Hand. Für das Laufenlernen gilt: Geduld! Forcieren Sie das Laufen bitte keinesfalls durch gezielte „Übungen". Ein Kind wird dann laufen, wenn es die dazu erforderliche Körperkontrolle erlangt hat – das ist bei einigen wenigen Babys mit neun Monaten der Fall, bei anderen mit 18 Monaten.

Handgeschicklichkeit

Der Pinzettengriff mit gestrecktem Daumen und gestrecktem Zeigefinger perfektioniert sich; gegen Ende des ersten Lebensjahres greift das Kind zunehmend mit dem Zangengriff, bei dem es Daumen und Zeigefinger beugt. Damit ist es in der Lage, auch kleine Gegenstände durch eine enge Öffnung zu schieben. Auch die Hand-Hand-Koordination, d. h. die Abstimmung der Bewegungen beider Hände, verbessert sich zusehends, und schließlich ist das Kind in der Lage, in einer Hand gleichzeitig zwei Gegenstände zu halten.

So unterstützen Sie die körperliche Entwicklung

Standfestigkeit

- Fördern Sie das Gleichgewichtsgefühl, indem Sie Ihr Baby dazu animieren (durch das Auslegen von interessanten Spielsachen), sich beim Sitzen nach vorn und zu den Seiten zu neigen.
- Reichen Sie Ihrem Baby immer wieder Ihre Finger, damit es sich hochziehen kann.
- Halten Sie es an den Händen, und lassen Sie es herumhüpfen. Daraus wird bald ein lustiges Spiel – auf Ihrem Schoß, auf einem Kissen oder im Bettchen.

Mobilität

- Lassen Sie Ihrem Baby viel Freiraum in einer kindersicheren Umgebung, damit es in seiner Bewegungsfreude nicht eingeschränkt wird.
- Legen Sie attraktives Spielzeug einige Meter von ihm entfernt, so dass es neugierig wird und sich auf den Weg macht.
- Stellen Sie stabile Möbelstücke als „Stationen" in einer Entfernung auf, mit der das Kind den Raum durchqueren kann.
- Rufen Sie Ihr Kind immer wieder aus einigem Abstand; halten Sie die Arme offen – es wird zu Ihnen kommen, erst auf allen Vieren, dann sich an Möbelstücken entlanghangeln und irgendwann mit ein paar freien Schritten.

Handgeschicklichkeit

- Machen Sie Ihrem Baby mit Hilfe von Fingerspielen immer wieder seine eigenen Händchen bewusst.
- Halten Sie verschiedene Behälter mit interessanten „Greifobjekten" bereit: Knöpfe, Wollknäuel, Bauklötze unterschiedlicher Größe, Muscheln ... (aber Vorsicht: Bleiben Sie bei diesen Greiferlebnissen immer bei Ihrem Baby – es könnte kleine Dinge verschlucken.)
- Lassen Sie Ihr Baby bei alltäglichen Verrichtungen mitmachen, also geben Sie ihm z. B. eine Schüssel und einen Schneebesen – so kann es mitkochen, während Sie das Essen zubereiten.
- Lassen Sie Ihr Baby draußen vielerlei Greif- und Tasterfahrungen machen: Blümchen pflücken, Schneeball machen, matschen, „Bäume streicheln" ...

Vorsicht vor Lauflerngeräten!

Lauflerngeräte, auch „Babyhopser“ oder „Babygeher“ genannt, sind nicht empfehlenswert, denn darin werden nur die Füße bewegt, das Gleichgewichtsgefühl, das für das freie Laufen unerlässlich ist, wird nicht trainiert. Das Baby lernt dadurch auf keinen Fall früher zu laufen. Im Gegenteil: es sind sogar gefährliche Stürze möglich, wenn das Gerät kippt.
Empfehlenswert für das Laufenlernen ist dagegen ein kippsicherer Wagen (z.B. aus Holz) oder ein großes Tier mit Rädern o.Ä., das das Baby vor sich her schiebt.

Die soziale Entwicklung

Das Baby kennt nun die Grundstrukturen der sozialen Kommunikation; es hat bestimmte enge Kontakte, wählt Personen bewusst aus, liebt Geselligkeit und möchte am liebsten immer im Mittelpunkt stehen. Dabei setzt es die verschiedensten Kommunikationsmittel ein: seine Körpersprache, seinen Charme und zunehmend die Sprache.

Suche nach Aufmerksamkeit
Das Kind weiß die Reaktionen seiner Umwelt immer besser zu steuern. Es erkennt zunehmend, welche Reaktionen seine Aktivitäten auslösen. Es wird auch immer besser im Taktieren und versucht, seinen eigenen Willen durchzusetzen. Klappt das nicht, kommt es zu ersten Wutausbrüchen.

Selbstständigkeit und Unabhängigkeit
Da dem Kind nun der Zusammenhang von Ursache und Wirkung bekannt ist und es weiß, dass es selbst Dinge geschehen lassen kann, möchte es auch immer mehr „selber machen“. Darf es das nicht oder muss es erkennen, dass ihm manches nicht gelingt, kommt es zu Frustration und Wut. Bitte unterstellen Sie Ihrem Kind bei solchen Reaktionen keinen „Trotz“ oder gar „Bösartigkeit“, sondern anerkennen Sie dieses Ohnmachtsgefühl als Ursache und stehen Sie Ihrem Kind sensibel zur Seite.

Imitation
Das Kind übt sein Sozialverhalten in erster Linie entsprechend dem Vorbild der Erwachsenen ein, die es umgeben. Es imitiert ihre Reaktionen, ihre Verhaltensweisen, ihre sozialen Gesten der Kontaktaufnahme und des Umgangs miteinander – z.B. das Winken zum Abschied.

Grenzen setzen
Das Baby erobert die Wohnung und steht in der jungen Familie – und im Bekanntenkreis – meist im Mittelpunkt. Mit seinem Charme bezau-

bert es jeden. Umso wichtiger ist es, ihm auch schon Grenzen zu setzen. Denn seiner sozialen Entwicklung kommt es keineswegs zugute, wenn es immer überall alles darf und immer seinen Willen durchsetzen kann. Das Baby versteht nun, was „nein“ bedeutet – und die Eltern sollten davon auch Gebrauch machen, wenn das Baby gesetzte Grenzen überschreitet. Denn Erziehung beginnt von klein an.

So unterstützen Sie die soziale Entwicklung

- Zuneigung, Körperkontakt, Küssen und Schmusen sind nach wie vor die Säule der sozialen wie seelischen Entwicklung.
- Gehen Sie immer auf die Kommunikationsangebote Ihres Babys ein, bringen Sie ihm aber bereits jetzt sanft bei, dass es nicht immer im Mittelpunkt stehen kann und nicht jede Verhaltensweise toleriert werden kann.
- Setzen Sie gemäß Ihren persönlichen familiären Vorstellungen Grenzen, die das Baby nicht überschreiten darf – nicht zu viele, diese sollten aber konsequent eingehalten werden.
- Machen Sie Ihr Baby mit sozialen Ritualen des Umgangs miteinander vertraut (Abschiedskuss, Händeschütteln, Tischgebet ...).
- Beteiligen Sie Ihr Kind an allen gesellschaftlichen Anlässen.
- Gewöhnen Sie Ihr Baby behutsam an einen Babysitter, wenn dies bisher noch nicht geschehen ist.
- Bringen Sie Ihr Kind in Kontakt zu anderen Kindern.
- Reagieren Sie auf Wutausbrüche besonnen, und erklären Sie Ihrem Kind, warum manches nicht so geht, wie es will.

Die geistige Entwicklung

Die kognitive Entwicklung des Kindes wird am Ende des ersten Lebensjahres in besonderer Weise durch die ständigen Bewegungserfahrungen geleitet. Beim Krabbeln, Hochziehen, Hangeln, Stehen entdeckt es die dreidimensionale Welt. Es entdeckt Beziehungen wie oben, unten, durch usw. Und es greift aktiv in seine Umwelt ein: Es schiebt einen Gegenstand beiseite, um besser krabbeln zu können, es zieht an einer Schnur, um das daran befestigte Auto heranzuholen usw.

Mittel zum Zweck

Dieses zielgerichtete Handeln bedeutet, dass das Kind bewusst plant und bestimmte Mittel einsetzt, um sein Ziel zu erreichen – ein enormer geistiger Fortschritt und die Voraussetzung zum Verständnis der Kausalität.

Untersuchen

Alles wird nun untersucht – der Blumentopf, der gefüllte Wäschekorb, die Stereoanlage. Stück für Stück nimmt das Kind die Dinge auseinander, um ihnen auf den Grund zu gehen und sie zu verstehen. Und zwar immer wieder aufs Neue. Dieses Erforschen, Auseinandernehmen und Untersuchen wird an einer Sache so lange durchgeführt, bis das Kind die zugrunde liegenden „Regeln“ erkannt hat. Diese speichert es in seinem Gedächtnis ab und kann sich der nächsten Sache zuwenden.

Experimentieren

Durch Ausprobieren und Experimentieren werden auch die Eigenschaften der Dinge erkundet: Was passiert, wenn ich das Glas auskippe, ... am Tischtuch ziehe, ... Mamas Blumenvase herunterwerfe?

Auf diese Weise erwirbt sich das Kind ein Wissen um Ursache und Wirkung und lernt Zusammenhänge zu durchschauen – die Basis seiner weiteren geistigen Entwicklung. Aus diesem Grunde sind diese „Versuchsreihen“, auch wenn sie Eltern manchmal noch so nerven, von unschätzbarem Wert für Babys Entwicklung.

„Begreifen“ der Dreidimensionalität

Die Dreidimensionalität, die beim Krabbeln erfahren wird, erforscht das Baby dank seiner inzwischen gut ausgebildeten Handgeschicklichkeit auch hingebungsvoll mit den Händen. Es untersucht Gefäße, füllt ein und aus, untersucht Gesichter mit den Händen und alle Dinge, die erhaben oder tief sind.

Nachahmung

Wie schon das soziale Verhalten (siehe Seite 114f.) entwickelt das Baby auch sein Denken und seine Verhaltensweisen durch Nachahmung vor allem der Eltern. Es imitiert deren Tun und übt so Abläufe, aber auch Strategien und Handlungsstrukturen ein.

Die Sprachentwicklung

Im zehnten Monat ahmt das Kind immer deutlicher einzelne Silben nach und entwickelt ein zunehmendes Sprachverständnis. So kommt es z. B. der Aufforderung nach, einen bestimmten Gegenstand zu suchen.

Der Baby-Wortschatz wächst immer schneller

Etwa im elften Monat ordnet das Kind bestimmte Silben sinnvoll zu und bezeichnet z. B. ein Auto als „brrmm“ oder äußert „am, am“, wenn es Hunger hat.

Dieser Wortschatz an lautmalerischen Kinderwörtern erweitert sich rapide. Jedes Kind entwickelt in dieser Phase auch seine individuellen „Eigenkreationen“, die durchaus von Fantasie und Sprachvermögen zeugen und nicht als „sinnlos“ abgetan werden sollten. Daneben differenziert sich aber auch das „normale“ Sprachverständnis, und gegen Ende des ersten Lebensjahres versteht das Kind bereits verschiedene Wörter und erste Fragen. Es handelt sich dabei in erster Linie um vertraute Personen und Gegenstände und auch alltägliche Verrichtungen wie Essen oder Baden. Im elften, zwölften Monat äußern viele Kinder auch das erste „richtige“ Wort – manche bereits mit zehn Monaten, andere erst mit 20 Monaten.

Eine große Variationsbreite

Was für die Entwicklung allgemein immer wieder betont wurde, gilt für die Sprachentwicklung in ganz besonderer Weise: Jedes Kind hat sein eigenes Tempo. Einige Kinder sprechen bereits gegen Ende des ersten Lebensjahres relativ viele Worte, andere äußern bis ins dritte Lebensjahr kaum ein Wort. Diese Variationsbreite bezieht sich allerdings in erster Linie auf das aktive Sprechen. In ihrem Sprachverständnis unterscheiden sich Kinder gleichen Alters weit weniger.

So unterstützen Sie die geistige Entwicklung

Verständnis der Welt

- Untersuchen Sie gemeinsam mit Ihrem Kind die unterschiedlichsten Dinge.
- Machen Sie gemeinsam „Experimente“: was passiert, wenn –, und beschreiben Sie Ihrem Kind, was geschieht.
- Erklären Sie Ihrem Kind bei alltäglichen Verrichtungen, was Sie tun und warum Sie es tun.
- Benennen Sie immer die Dinge in seiner Umgebung.
- Lassen Sie Ihr Kind mit den Händen und dem ganzen Körper seine Umwelt begreifen.

Bilderbücher und Geschichten

- Die Zeit der Bilderbücher hat begonnen. Schauen Sie sich gemeinsam Bücher an, benennen Sie die Abbildungen. Zeigen Sie mit der Hand des Kindes darauf, und wiederholen Sie den Namen.
- Lesen Sie erste kleine Geschichten vor. Besonders beliebt: Tiergeschichten mit den Lauten, die die verschiedenen Tiere machen. Lesen Sie immer wieder die gleichen Geschichten vor; das Baby schult so seine Merkfähigkeit.
- Erzählen Sie immer mal wieder eine kleine Geschichte – auch im und aus dem Alltag. Dies fördert auch die Konzentrationsfähigkeit.

Entdeckungsreisen für die Hände

- Geben Sie Ihrem Kind immer die Möglichkeit, seine Umgebung mit den Händen zu erforschen – Blätter in der Natur, Gras im Garten, Mauerritzen ...
- Stellen Sie Ihrem Kind Behälter mit unterschiedlichen Materialien bereit: mit kleinen und großen Knöpfen, mit Steinchen, mit Büroklammern, mit Reiskörnern usw., und lassen Sie es nach Herzenslust damit „arbeiten“. (Bleiben Sie immer bei ihm, damit es nichts verschluckt.)
- Lassen Sie Ihr Kind Dinge auspacken, einpacken, einräumen.

Sprachentwicklung

- Das Wichtigste bleibt: immer mit dem Baby sprechen!
- Loben Sie Ihr Baby für alle seine Äußerungen und Kommunikationsversuche.
- Lieder und Reime fördern das Sprachverständnis in besonderer Weise.
- Lenken Sie durch einfache Fragen die Aufmerksamkeit des Babys auf einen Gegenstand und schulen Sie so sein Sprachverständnis, z.B.: „Wo ist das Auto?“

Ihr Kind: eine kleine Persönlichkeit

Nun feiert Ihr Kind bald seinen ersten Geburtstag! Ihr Leben hat sich durch diesen kleinen Menschen bestimmt enorm verändert. Sicher haben Sie in diesem Jahr Erfahrungen gemacht, an die Sie nie gedacht hätten – ein Kind bedeutet eine einmalige Bereicherung des Lebens. Und wie hat es sich in diesem Jahr entwickelt! Welch wunderbare Prozesse haben sich vollzogen! Inzwischen ist es mobil, zunehmend selbstbewusst, geht Dinge zielstrebig an und erstaunt die Eltern immer wieder durch seinen Humor. Seine Individualität tritt immer deutlicher zutage: Ihr Kind ist kein Baby mehr, sondern ein einzigartiger Mensch – es besitzt bereits eine eigene Persönlichkeit.

Das Temperament Ihres Kindes

Wenn Eltern das Temperament ihres Kindes berücksichtigen, wird die Erziehung erleichtert.

Die Persönlichkeit eines Menschen wird wesentlich durch sein Temperament geprägt. Eltern können oft von den ersten Lebenswochen an erkennen, welches Temperament ihr Baby hat: Ist es ruhig und sensibel oder ein kleiner Draufgänger, wird es leicht wütend und ungeduldig oder liebt es die gemütlichere Gangart? Im Verlaufe des ersten Lebensjahres bildet sich dieses individuelle Wesen des Kindes immer stärker heraus und wird in vielen Bereichen erkennbar: in der Art der Kontaktaufnahme, in seinem Lachen, beim Spielen, in seinen Bewegungen und darin, welche Vorlieben und Abneigungen es entwickelt. Besonders deutlich wird das Temperament, wenn das Kind zunehmend selbstständig wird und seine Umwelt erforscht: Wird es leicht wütend und frustriert, oder bleibt es ausdauernd bei einer Sache, kann es Grenzen leicht akzeptieren, oder muss es sie immer wieder aufs Neue austesten?
Eltern erleichtern sich den Umgang mit ihrem Kind bedeutend, wenn sie dieses individuelle Temperament ihres Kindes schon früh erkennen

und berücksichtigen (siehe auch Seite 19). Denn es führt allemal weiter, wenn man einem kleinen Energiebündel viel Raum zum Toben und Entfalten gibt, als wenn man versucht, es immer wieder zu bremsen; Entsprechendes gilt natürlich auch für die anderen Temperamente.

Ich bin ich

Allmählich nimmt das Kind sich selbst als eigenständige Person mit eigenem Willen wahr.

Gegen Ende des ersten Lebensjahres beginnt das Kind, sich als eine eigenständige Person zu begreifen und einen eigenen Willen zu entwickeln. Es empfindet ein wachsendes Bedürfnis nach Selbstständigkeit. Es will selbstständig handeln, stößt dabei aber immer wieder an Grenzen – auch aufgrund eigener noch unzureichender Fähigkeiten – und reagiert mit Frust und Wut. Es will auch zunehmend bestimmen und wird wütend, wenn es nicht immer seinen Willen bekommt. Die Art und Weise, wie es dabei reagiert, ist sowohl von der Erziehungsweise der Eltern als auch von seinem Temperament abhängig. Diese Trotzreaktionen werden im zweiten Lebensjahr zu einer ausgeprägten Verhaltensweise.

Die sich herausbildende Selbstwahrnehmung des Kindes äußert sich auch im Erkennen des eigenen Spiegelbildes. Zwar betrachtet sich bereits der Säugling fasziniert in einem Spiegel, doch erst gegen Ende des ersten Lebensjahres wird es dem Kind bewusst, dass es sich selbst in diesem Gegenüber sieht. Zuerst ungläubig, mit Erstaunen, versucht es sein Spiegelbild zu fassen, sucht hinter dem Spiegel danach und begreift allmählich die Spiegelung. Diese Erkenntnis ist ein interessanter Schritt in der Entwicklung des Ich-Bewusstseins.

Mit dem Bewusstsein für die eigene Person entwickelt sich auch die Fähigkeit, die Gefühle anderer Menschen wahrzunehmen und sich einzufühlen. So haben Kinder bereits am Ende des ersten Lebensjahres feine „Antennen“ für die Stimmungen vor allem der Eltern und reagieren darauf. Eltern unterstützen die Persönlichkeitsentwicklung ihres Kindes sehr, wenn sie mit ihren Gefühlen bewusst umgehen, ihrem Kind – auch in bester Absicht – nichts vormachen, sondern offen und frei auch Unmut äußern. Natürlich sollte man heftigen Gefühlen keinen freien Lauf lassen. Aber es gilt, sie bewusst zu machen, zu thematisieren und dem Kind dabei zu vermitteln: Mal geht es einem gut, aber auch mal schlecht, doch man kann damit zurechtkommen – vor allem wenn andere Anteil nehmen.

Nehmen Sie Ihr Kind so, wie es ist!

Ihr Kind hat Sie in seinem ersten Lebensjahr immer wieder aufs Neue fasziniert. Doch manchmal hat man auch ein Bild eines „Wunschkindes“ im Kopf, dem das eigene Kind nicht ganz entspricht. Von diesen Idealvorstellungen muss man sich lösen, denn nur dann hat das Kind die Chance, in seiner eigenen Persönlichkeit zu reifen und seine individuellen Begabungen und Stärken zu entwickeln. Jedes Kind ist ein einzigartiger Mensch!

Spielideen

Forschen und Untersuchen gehören weiterhin zu Babys Lieblingsbeschäftigungen. Eltern können dabei vielerlei Spiele improvisieren. Auch Versteck- und Suchspiele begeistern immer wieder. Denn das Kind weiß nun: Auch wenn ich ihn nicht mehr sehe, ist ein Gegenstand noch da. Das Kind entwickelt nun auch einen ausgesprochenen Sinn für Humor: Wie ist das lustig, wenn Papa Baby spielt und aus der Babyflasche trinkt! Oder wenn Mama einen Kopfstand macht! Doch eines gilt auch: Wenn das Kind selbst in eine Sache vertieft ist – bitte nicht stören, denn das eigene konzentrierte Tun ist von unschätzbarem Wert!

Bewegungsspiele

Fußballspielen

Zeigen Sie Ihrem Baby, wie man Fußball spielt. An beiden Händen gehalten, wird es nun die ersten Kicks absolvieren. Der Ball wird hin und her gekickt, aber auch zur Tür hinaus – mit der Zeit wird das Kind sein Gleichgewicht dabei immer besser halten können.

Hinderniskrabbeln

Krabbeln macht großen Spaß, und man kann dabei neue Herausforderungen einbauen: einen kleinen Kissenturm, der überwunden werden muss, eine kleine Schräge, die mit einem Brett, z.B. zwischen Boden und Sofa, hergestellt wird, aber auch über Mama und Papa hinwegkrabbeln, die auf dem Boden liegen ...

Verstecken

Erste Versteckspiele sind toll! Blitzschnell krabbelt das Kind hinter die Tür und ist begeistert, wenn Mama oder Papa es nach langem Suchen endlich mit großem Hallo finden!

Laufspiele Lassen Sie Ihr Kind an Ihrer Hand auf verschiedenartigen Untergründen barfuß laufen: auf dem flauschigen Teppich, auf dem rauen Fußabtreter, auf einer wackeligen Luftmatratze, im Sand ... Machen Sie ein Spiel daraus: Nun sind wir am warmen Strand, nun auf einem Schiff im Meer ...

Ringelreihen Kleine Tanzspiele, bei denen das Kind an den Händen gehalten wird, machen nun schon großen Spaß – vor allem mit Musik.

Ringel, ringel, reihen,
sind der Kinder dreien,
Rosmarin, Vergissmeinnicht,
alle Kinder tanzen mit!

Spiele für die Hände

Sandeln und Matschen Die Sandkastenzeit beginnt! Backen Sie mit Ihrem Kind Sandkuchen, buddeln Sie gemeinsam Löcher, und häufen Sie Berge an. Und wenn der Sand mit Wasser „vermatscht" wird, ist die Begeisterung riesig!

Geben und Nehmen Geben Sie dem Baby einen Ball, und sagen Sie dabei deutlich „Ball" und „bitte". Bitten Sie Ihr Kind dann, den Ball zurückzugeben. Sagen Sie „danke". Dann geben Sie ihm einen anderen Gegenstand. Bald wird Ihr Kind dieses Spiel und die dazugehörigen Wörter beherrschen.

Sortieren Stellen Sie verschiedene Behälter auf, und legen Sie verschiedene kleine Materialien aus: Knöpfe, Nüsse, Eicheln, Steinchen ... Machen Sie nun gemeinsam mit Ihrem Kind ein Spiel daraus, die verschiedenen Dinge in die einzelnen Behälter zu sortieren – das ergibt jedes Mal auch ein spannendes Geräusch.

Kegeln Stellen Sie Plastikkegel oder leere Plastikflaschen auf, und rollen oder werfen Sie sie mit einem Ball um. Ihr Kind wird bald begeistert mitkegeln.

Spiele für alle Sinne

Wie ein Elefant ... Spielen Sie Zoo mit Ihrem Kind: Trampeln Sie mit den Füßen auf den Boden wie ein Elefant, hüpfen dann zart wie ein Vögelchen, trommeln mit den Händen an die Brust wie ein wilder Affe, galoppieren mit den Fingern über den Tisch wie ein Pferd ...

Zookonzert

Nun trompetet der Elefant, die Maus quiekt, der Löwe brüllt, die Enten schnattern und die Vögel zwitschern ...

Schmecken und Riechen

Machen Sie bei den Mahlzeiten ein Spiel daraus, an verschiedenen Nahrungsmitteln zu schnuppern und sie bewusst zu genießen. Richten Sie die Speisen fröhlich an: als lachendes Gesicht, als Auto ... Lassen Sie sich von Ihrem Kind füttern.

Naturerfahrungen

Machen Sie aus jedem Ausflug nach draußen ein Entdeckungsspiel: Riechst du das frisch gemähte Gras, den Duft der Tannennadeln, den Duft der Blume? Spürst du die Frische der Regentropfen, den Tau an den Füßen, die Wärme der Sonnenstrahlen? Fühlst du die Fasern der Blätter, den Wind im Gesicht, die Kälte des Schnees? Siehst du deinen Schatten, die Sonnenflecken, die vorbeiziehenden Wolken? Hörst du die Eisenbahn in der Ferne, den Kuckuck, das Summen der Bienen?

Empfehlenswerte Spielsachen

- Steckspiele, bei denen Gegenstände mit bestimmten Formen durch entsprechende Öffnungen gesteckt werden müssen
- Baubecher, die ineinander gesteckt werden können
- Fahrzeuge zum Schieben
- Holzbauklötze
- Bilderbücher
- Sandeimer und Schaufel
- Dicke Farbstifte für erste Kritzeleien
- Laufwagen
- Rutschauto
- Körbe, Schachteln zum Ein- und Ausräumen

Gedächtnis- und Konzentrationsspiele

Ich sehe was, was du nicht siehst

Dieses Spiel kann bereits jetzt begonnen werden, wobei einfach Gegenstände erraten werden müssen und die Aufmerksamkeit des Kindes gezielt auf das gesuchte Ding gelenkt wird. Dieses Spiel fördert nicht nur die Konzentrationsfähigkeit, sondern auch das Sprachverständnis.

Erstes Memory

Verstecken Sie vor den Augen Ihres Kindes ein kleines Spielzeug unter einem von drei umgedrehten Bechern. Fragen Sie es dann, wo sich das Spielzeug befindet.

Findest du alles? Verstecken Sie vor den Augen Ihres Kindes drei Bauklötze an unterschiedlichen Orten. Findet das Kind alle drei wieder?

Kategorisieren Geben Sie Ihrem Kind verschiedene größere Behälter, in die es unterschiedliche Dinge ordnen soll: Autos, Buntstifte, Stofftiere, Bauklötze ... Begreift es das Prinzip?

Begriffe nennen Schauen Sie mit Ihrem Kind Bilderbücher an. Erklären Sie, was Sie sehen. Bald wird es die Dinge selbst beim Namen nennen. Wenn es die Begriffe kennt, machen Sie ein Spiel daraus, auch einmal etwas Verkehrtes zu sagen: Deuten Sie auf das Auto und sagen Sie „Hund". Protestiert es lautstark?

Trostverse

Die zunehmende Mobilität und Entdeckungsfreude Ihres Kindes bringen es mit sich, dass es sich immer mal wieder blaue Flecken und Beulen holt. Und auch wenn es frustriert ist, weil es nicht so kann oder darf, wie es will, braucht es Trost.

Heile, heile Segen,
drei Tage Regen,
drei Tage Schnee,
und schon tut's nicht mehr weh.

Heile, heile Kätzchen,
das Kätzchen hat vier Tätzchen,
das Kätzchen hat 'nen langen Schwanz –
gleich ist alles wieder ganz.

Mäh, Lämmchen, mäh!
Das Lämmchen lief in den Wald,
da stieß sich's an ein Steinchen,
da tat ihm weh das Beinchen,
da schrie das Lämmchen „mäh"!

Weiterführende Literatur

Ayres, A. J.: Bausteine der kindlichen Entwicklung. Springer, 5. überarbeitete und erweiterte Auflage 2013

Brazelton, T. B.: Babys erstes Lebensjahr. dtv, 1994

Dornes, M.: Der kompetente Säugling. Die präverbale Entwicklung des Menschen. Fischer, 13. Auflage 2011

Faure, M.: Was mein Baby will. Mimik und Körpersprache verstehen. Dorling Kindersley 2011

Kasten, H.: Entwicklungspsychologische Grundlagen. 0–3 Jahre, Cornelsen 2013

Largo, R.: Babyjahre. Entwicklung und Erziehung in den ersten vier Jahren. Piper, 12. Auflage 2013

Leboyer, F.: Geburt ohne Gewalt. Kösel, 15. Auflage 2011

Michaelis, R./Haas, G.: Meilensteine der frühkindlichen Entwicklung – Entscheidungshilfen für die Praxis. In: Praktische Entwicklungsneurologie. Marseille 1994

Michaelis, R.: Die ersten fünf Jahre. Wie sich Ihr Baby entwickelt. Trias 2012

Montessori, M.: Kinder sind anders. Klett-Cotta, 17. Auflage 2014

Schneider, W./Lindenberger, U. (Hg.): Entwicklungspsychologie (zuerst Oerter & Montada), Beltz, 7. vollständig überarbeitete Auflage 2012

Pikler, E./Tardos, A. u.a.: Miteinander vertraut werden. Wie wir mit Babys und Kleinkindern gut umgehen. Ein Ratgeber für junge Eltern. Herder, 13. Auflage 2013

spiel gut e.V. (Hg.): Vom Spielzeug und vom Spielen. 20. aktualisierte Ausgabe 2012

Szagun, G.: Sprachentwicklung beim Kind. Ein Lehrbuch. 5. vollständig überarbeitete Ausgabe 2013

Szagun, G.: Das Wunder des Spracherwerbs. So lernt Ihr Kind sprechen. Beltz 2007

Velten, H./Walter, B.: Harmonische Babymassage. Sinne wecken und Entwicklung fördern. Aktualisierte Auflage Urania 2014

Velten, H./Walter, B.: Kleine Nasen – Große Düfte. Dufterlebnisse, Aromatherapie, Gesundheitstipps vom Baby- bis zum Schulalter. Aktualisierte Auflage Urania 2014

Zimmer , R.: Handbuch der Sinneswahrnehmung: Grundlagen einer ganzheitlichen Bildung und Erziehung. Herder 2012